【诸子如是说】系列

管子原来这样说

姜正成◎编著

中国华侨出版社

图书在版编目(CIP)数据

管子原来这样说/姜正成 编著. —北京：中国华侨出版社，2012.6（2023.1重印）

ISBN 978-7-5113-2388-0

Ⅰ.①管… Ⅱ.①姜… Ⅲ.①法家②《管子》-研究 Ⅳ.①B226.15

中国版本图书馆CIP数据核字（2012）第092700号

● 管子原来这样说

| 编　　著 / 姜正成
| 责任编辑 / 崔卓力
| 责任校对 / 志　刚
| 版式设计 / 丽泰图文设计工作室 / 桃子
| 经　　销 / 全国新华书店
| 开　　本 / 710×1000毫米　1/16开　印张/16.25　字数/228千字
| 印　　刷 / 三河市嵩川印刷有限公司
| 版　　次 / 2012年6月第1版　2023年1月第3次印刷
| 书　　号 / ISBN 978-7-5113-2388-0
| 定　　价 / 48.00元

中国华侨出版社　北京市朝阳区静安里26号通成达大厦3层　邮编：100028
法律顾问：陈鹰律师事务所
编辑部：(010) 64443056　64443979
发行部：(010) 64443051　传真：(010) 64439708
网　　址：www.oveaschin.com
E-mail：oveaschin@sina.com

前 言

一提到中国传统文化和思想家，人们首先会想到孔子。然而早在孔子之前，就有这样一个人在先秦诸子文化中大放光彩，留下了不可磨灭的痕迹——管仲。

管仲，即管夷吾，字敬仲，春秋初期的著名政治家、军事家、思想家和经济学家。

管仲辅佐齐桓公，在齐执政40年，不断革新政治经济、富国强兵，齐桓公九合诸侯、一匡天下的霸业伟绩都离不开他这位中国历史上第一位"总理首相"。

管仲的思想深邃而耐人寻味，既有齐家治国平天下的实践经验，也有如何治国的理论知识总结。梁启超赞曰："中国之最大的政治家"，更被誉为"儒道法思想的先驱"。

《管子》是后人托名管仲而作。其中包含了大量的军事、经济思想，管仲本人的思想也因此而深入人心。

《管子》共八十六篇，其内容博大精深，主要以法家和道家思想为主，另兼儒家、兵家、阴阳家等其他先秦诸家的思想，内容涉及天文、地理、军事、经济、文化、外交以及个人修养等多个领域，被学者视为"百家争鸣的高潮"时期的代表作。

管子是一位政治家，他主张法治，认为全国上下人人都应守法，国家治理的好与坏，根本在于是否依法治国。

他重视发展经济，认为"仓廪实而知礼节，衣食足而知荣辱"，他认为要想国家安定、人民安宁，物质基础的强大不可忽视。

他是一个善于选人用人的管理者，他认为君王凡事不必躬亲，要懂得发挥人才的聪明才智，根据其才能任官授爵。

司马迁评价他说："管仲既用，任政于齐，齐桓公以霸，九合诸侯，一匡天下，管仲之谋也。"

管子的思想对后世影响极大。他是先秦诸子中一位难得的智者，为历史文明的发展作出了杰出的贡献。

本书结构严谨，论点鲜明，说理透彻，撷取了《管子》原著中的理论精华，以现代人的角度诠释了管子的智慧。

第一章 慎言慎行——管子原来这样说做人之道

管子对做人之道有着诸多论述,他认为做人先修身,修身先修德,为人处世必须以德为重,谨言慎行,大公而真诚,切忌鲁莽。圣人之所以为圣人就是因为他们"择可言而后言,择可行而后行。"慎听、待人以真、行为有度则是管子的做人之道,也是我们日常为人处世的成功之道。

做人先修身,修身德为重 …………………………………… 003
心平气和好做人 …………………………………………… 006
巧诈不如拙诚 ……………………………………………… 010
信守诺言是做人的原则 …………………………………… 014
不求满盈,留有余地 ……………………………………… 017
贪图安逸必将一事无成 …………………………………… 021
不要轻视任何人 …………………………………………… 025
别做吝啬的铁公鸡 ………………………………………… 029
做人有主见,不可偏听偏信 ……………………………… 033

第二章 敬守勿失——管子原来这样说做事之道

"敬守勿失,是谓成德,德成而智出,万物毕得。"管子认为只要德有成,就能出智慧,这样就能得到想得到的万事万物。这句话说起来容易做起来却很难。大千世界,维系复杂,要想达到这一做事境界,则必须"随时而变,因俗而动",必须志存高远、勤奋努力,更需要我们珍惜时间,把握尺度。

欲成大事必立高远之志 …………………………………… 039
志向高远,但不可好高骛远 ……………………………… 043
珍惜时间如同生命 ………………………………………… 047
当机立断抓住机遇 ………………………………………… 050
时刻不要松懈自己 ………………………………………… 054
事皆有度,不可过之 ……………………………………… 057
入乡随俗,保持开放的头脑 ……………………………… 061
勤奋是事业成功的关键 …………………………………… 064
在正确的时间做正确的事 ………………………………… 068
事前谋虑,事后不可懈怠 ………………………………… 072

第三章 正法直度——管子原来这样说法治之道

管子最早提出了以法治国的思想,管子认为人性本恶,要想让国家安定长治久安,必须立法治之。管子认为:法制要以民意和以对民众有利为适度点,但是执法要有作为,即"法胜"原则。"为人君者,莫贵于胜,所谓胜者,法立令行之谓胜,法立令行,故群臣奉法守职,百官有常,法不繁匿"。管仲强调"法胜"的原则,是管仲法制理论的精髓。

法治是治国之本 …………………………………………… 079

唯法纪严明才能正君威 ……………………………… 083
树立权威使政令通行 …………………………………… 087
上下贵贱皆从法 ………………………………………… 090
赏罚也应以法依法 ……………………………………… 094
以身守法则百姓从 ……………………………………… 097
明法令以严惩奸邪之人 ………………………………… 101
法律政令须视时而立 …………………………………… 105

第四章 以民为天——管子原来这样说治国之道

治国之道即治理国家的方法。管仲治理国家的方法就是必须使百姓富裕起来，然后以法治国，发展国家政治。"凡治国之道，必先富民，民富则易治也，民贫则难治也。"而且管子认为治国必须顺应民心、礼法并用。管子也正是以这样的治国谋略辅佐齐桓公改革内政，振兴经济，富国强兵，使齐国"九合诸侯，一匡天下"，成为春秋五霸之首。

得民心者得天下 ………………………………………… 111
百姓富裕则国家强盛 …………………………………… 115
人和是治国之本 ………………………………………… 119
处理政事要顾全大局 …………………………………… 123
欲取于民则先施于民 …………………………………… 128
帝王犯错可致天下大乱 ………………………………… 132
亲贤人，远小人 ………………………………………… 136

第五章 任其所长——管子原来这样说用人之道

古代君王成事，离不开人才的任用。管仲作为一代名相，能够帮助齐桓公成为春秋五霸之首，不但因为他本身就是个人才，更重要的是他会用人、能用人。"夫争天下者，必先争人。"管仲重视人才，但从不滥用人才，他坚持公正选拔、因才适用，齐国因此而强大，后人也纷纷从中吸取他用人的智慧。

人才为本，事半功倍 …………………………………… 143
赏和罚都要众人心服 …………………………………… 147
用人以德为先 …………………………………………… 152
纳才任贤事关重大 ……………………………………… 156
人才不分地域 …………………………………………… 164
知人善任者"明" ……………………………………… 167
慧眼识英雄 ……………………………………………… 172
用人应扬长避短 ………………………………………… 176

第六章 取之有度——管子原来这样说理财之道

管仲作为齐桓公的谋臣，他认为，国家的经济需要制定制度，并采取一系列的措施才能让国家强大起来。他告诉我们理财的首要目的即让国家和人民都富裕起来，圣明的君主首先要富国富民然后才能成就霸业。他主张富民即富国，强调国富与民富的统一。

不患无财，患在理财无人 ……………………………… 183
见予之形，不见夺之理 ………………………………… 186
君子爱财，取之有道 …………………………………… 190
奢侈消费刺激经济 ……………………………………… 193
优惠政策吸引外商 ……………………………………… 197
宏观调控的经济手段 …………………………………… 200
国家垄断专卖制度 ……………………………………… 203
取民有度，用之有止 …………………………………… 206

第七章 不理不胜——管子原来这样说战争之道

《管子》一书中的军事思想理论十分具有前瞻性和系统性。他认为战争是维持国家安定、保卫疆土完整的必要手段，因此需要有严格的军令来约束军队。如果发动战争，则要师出有名，正义的旗帜不可少。在战争的过程中应该准确把握事态，谋定而后动，措施要灵活多变。

谋定而后相机而动 …………………………………… 213
不信者殆，无义者残 ………………………………… 217
罚不避亲贵 …………………………………………… 222
寓兵于民的制度 ……………………………………… 225
争强之国，必先争谋 ………………………………… 227

第八章 百年树人——管子原来这样说教育之道

《管子》的教育思想是我国古典素质教育的典范。它重视和提倡民众的道德教育、职业教育、军事教育、生活教育，以及教育的考核选拔。"十年树木，百年树人"，管仲提倡把教人、育人作为国家强盛和存亡战略的"百年大计"，并加以倡导和实施。

十年树木，百年树人 ………………………………… 233
立志然后成其大 ……………………………………… 237
仓廪实则知礼节 ……………………………………… 242
士不厌学故能成其圣 ………………………………… 246

第一章 慎言慎行
——管子原来这样说做人之道

　　管子对做人之道有着诸多论述，他认为做人先修身，修身先修德，为人处世必须以德为重，谨言慎行，大公而真诚，切忌鲁莽。圣人之所以为圣人就是因为他们"择可言而后言，择可行而后行。"慎听、待人以真、行为有度则是管子的做人之道，也是我们日常为人处世的成功之道。

第一章 慎言慎行
——管子原来这样说做人之道

做人先修身，修身德为重

【原典】

形不正者，德不来；中不精者，心不治；正形饰德，万物毕得。

——《管子·心术》

【古句新解】

外表不端正的人，是由于不具备德行；内心不闲静专一的人，是由于心没有修养好。端正好外形，修养好内心，便定能够把握好万事万物。

自我品评

管子在这里强调了做人先修身，修身德为先的观念。人，是行为的主体，事情做得好不好，对不对，大家赞成不赞成，自己满意不满意，一切都来自于自己的修养，而要想提升自己的修养，则必须端正自己的形体，纯粹自己的心灵。只有这样，万物之理才会自己归摄于心中。管子把人的内德修养提升为个人修身的前提，可见道德修养是做人的重中之重，是做人的基本原则。

古往今来，许多具有优良品德的人都会受到人们的尊敬和推崇。社会需要优良品德，对于每一个组织，对于每一名员工，好品德都是成功的坚实推动力。

少德之人，纵是经纶满腹，也不能成大事。因此有位企业领导者曾公开声称："宁选才差德高之人，不取才优无德之辈。"

德为导向，才是基础；德靠才来发挥，才靠德来统率。相对于才而言，德更为根本，正所谓："有德有才是正品，有德无才是次品，无德有才是废品，无德无才是毒品。"

仔细观察，我们不难发现，很多成功者无论做人还是做事，都有着优秀的品德。

青春宝集团董事长冯根生在胡庆余堂当学徒的时候，就认识到规规矩矩做人的重要性。他说过一件他做学徒时的奇怪的事：

"我在扫地的时候，经常捡到钱。捡到钱，我就放在抽屉里。而每次捡到的钱，大约相当于现在的20块、30块钱，我就暂时把它放在抽屉里，第二天一早交给师傅。大概一年多以后，好像就没有了。十几年以后，我师傅八十岁，快去世的时候，我去看他，最后一次去看他，那时候已经是1960年了。我的师傅把我叫到床边，他说根生啊，你还记得吗？今天我该告诉你。我说什么事，他说你在当学徒的时候，扫地时捡到钱，你都交给我了，今天我告诉你，这是老板要考你，一共试了你15次，你每次都交。15次以后，老板就说了，这个小孩是诚实的，他捡来的钱都不要，还会去偷吗？

"这时，我才知道原来是老板在考我。在我14岁的时候，祖母已经70岁了，当我离开祖母身边，去当学徒的时候，路上祖母告诉我一句话，一定要规规矩矩做人、认认真真工作。规规矩矩做人，老板给你的钱你拿，老板不给你的钱，你一分钱都不能去碰它，现在这句话叫廉政。认认真真工作，就是勤劳，这就像现在对干部的要求，廉政勤劳就是好干部。因此我记住了，给我的钱我要，不给我的钱我从来不会去拿，一分钱都不要，这教会了我做人的道理。"

有人认为，做人和工作是两回事，这种观念的潜台词是：一个人的品质不佳并不影响他在职场上的成功。其实，这是一种极其糟糕和错误的认识。

第一章 慎言慎行
——管子原来这样说做人之道

中国有句古话叫做"做事先做人",作为一个合格的人,首先要学习的就是做人的道理,其次才是学习本领。但是现代社会的少数人却本末倒置,更多地看重的是才,而忽视或轻视对做人品德的培养。

当然,我们绝不否认才能在发展和成就事业中的重要性。但是对员工来说,品德比能力更胜一筹。好的品德对人的一生受用无穷,它就像一粒有生命力的种子,最终能让你品尝到成功的果实。品德拙劣的人,一有机会就很可能做出有损于组织的事来,有这样的人在,社会、单位都不会安宁,这样的人注定难以收获信任与成功。

某公司销售部王经理和高层发生意见分歧,双方一直未能达成共识,为此,王经理耿耿于怀,准备跳槽到另一家竞争对手公司。一方面出于私愤,另一方面是为了向未来的"主子"邀功,王经理暗地里把公司的机密文件和客户电话散布给各地经销商,使得公司的业务一片混乱,并引发了很多业务纠纷,从各地打来的电话几乎将公司电话打爆。这还不算,他还向当地工商、税务部门举报,检举公司的账目有问题,经过一番检查,证明公司是清白的,但毕竟给公司带来了很大的损害。

当王经理带着满意的"成果"去向竞争对手公司邀功请赏时,没想到这家公司的领导见王经理是这般对待"老东家",便担心他以后又会不会"如法炮制"对待自己的公司呢?身边有这么样一个人,不就像是埋下了一个随时可能爆炸的定时炸弹吗?最后自然也不敢收留他。

缺失了做人的原则,又怎么能做好大事业?作为员工,如果为了一丁点儿个人的利益而牺牲公司利益的话,这样的人在世界的任何角落都不会受到欢迎,因为你出卖的不仅是公司的利益,更是做人的尊严。哪怕是从你手中获益的人,也会在心底对你产生鄙夷。

事实上,对于一个职场中人而言,能力固然重要,但高尚的人品更重要。品德高尚的员工对于单位而言是一笔宝贵的财富,这样的员工除了能在单位的生产、管理上起到积极的作用外,还能产生良好的榜样作用并带动其他员工,从而更好地促进单位的发展。

心平气和好做人

【原典】

大心而敢,宽气而广。

——《管子·内业》

【古句新解】

要想思想洁大而勇敢,就要心胸宽舒、广有所容。

自我品评

心平,会比较容易客观地看事物;气和,易于体会彼此立场,聆听弦外之音。心平气和,和缓执中,安泰庄重,能消弭争端于无形。生活中心平气和的人始终处于充实的良好状态。用和平等待的心情面对生活,你就会知道阳光其实并不少,我们的生活中充满了温暖。

马丁内斯是一个没有耐心的人,他要求和他交往的人也必须雷厉风行,不然的话,他就不高兴。他从不错过时间,约会从不迟到。

他这样的不耐心,也许你可以想象,当他碰上了交通堵塞时是个什么样子了。这事发生在佛罗里达州靠近他家乡的山路上,一位年轻人在防栅旁拦住了他,告诉他可能要耽搁半个小时。

"为什么要耽搁?"他问。

第一章 慎言慎行
——管子原来这样说做人之道

"因为路被挖开了,"他回答说,"我们在装水管。"

"见他的鬼吧,排水管。"他说,情绪马上低落了。

"那你就绕过去吧。"年轻人说。

他觉得年轻人的话也有些道理。他还不太清楚这个坑的情况,但是他相信他不会掉进坑里去的。接下来的5分钟马丁内斯是在烦乱中度过的:文件在他的手提箱里,收音机和一些东西在工具袋里,他把所有的东西拿出来又放回去,然后长吁短叹地盯着窗外。

不一会儿,在他的车后停了一大串汽车,司机们纷纷下车。看来那小伙子的主意不是个坏主意,他该试试,总比坐等好,就在这时,一个年龄比较大的人走过来,说:"真是个阳光明媚的早晨。"他穿着工装裤,花格子衬衫,像是开出租车的。

马丁内斯看看四周,远处朦胧的溪流从圣·莫尼克大山上流下来,银灰色的水线接着蓝天,是个开阔清爽的秋天。

"不错。"他说。

"下大雨的时候,瀑布就从那边流下来。"他指着一块凹进去的断崖接着说,他想起他好像也见过洪水从那块断崖上倾泻下来,在山脚下激起很高的水花。他很可能只是急急忙忙地经过这里时匆匆地看了一眼。

一位年轻姑娘从车上走下来问道:"有上山的路吗?"马丁内斯大笑着说:"有几百条,我在这里已经22年了,可是还没有走遍所有的路呢?"

他想起这附近有个公园,里面有一个很凉爽的地方。在一个炎热的夏日里,他曾经在里面散步。"你看到那只狗了吗?"一个穿着大衣打着领带的年轻人叫起来,吸引了那位女士的注意力,"在哪里?"

"我看见了。"她突然大叫起来。

年轻人兴奋地说:"冬天要来了,它们一定在贮存食物。"司机们都跑了出来,站在路边看。有些人拿出照相机拍照。耽搁变成了愉快的事。马丁内斯记得上次洪水暴发的时候,道路被淹没,电灯线被破坏。他的邻居们,有的聚在一起议论纷纷,有的点上灯笼一起喝酒聊天,还有的就一起烤东西吃。

是什么把他们聚在一起了呢?要不是风在呼啸,洪水暴发,或交通堵塞,他们怎么会把时间分配在这里和人交谈呢?

这时,一个声音从防栅那边传过来:"好了,道路畅通了!"

马丁内斯看了看表,55分钟过去了,他简直不敢相信,耽搁了55分钟,他竟然没有急得发疯。

汽车发动起来了。马丁内斯看见那位年轻姑娘,正把一张名片送给那位打领带的小伙子。也许他们将来还会在一起散步。

马丁内斯向出租车走去时,对司机挥了挥手。

"嗨!"他转过身叫道,"你说得对,是个阳光明媚的早晨。"

没有什么事总是顺人心意的,当事务烦心时,不妨转移一下注意力,做一些你认为轻松的事,说不定在良好的心情中困难就迎刃而解了。

心平气和,会让人想到一池静水,波澜不惊,明澈见底;心平气和,也会使人想起"心宽体胖"四个字。脑海中闪现的往往是弥勒佛那慈祥的笑脸。心平气和需要隐忍,更需要有宽广的胸襟。自古以来,心平气和就是人们努力追求的一种心境。

刘铭传是清廷派驻台湾的总督,他为建设台湾作出了杰出的贡献,台湾的第一条铁路便是他督促修建的。

提起刘铭传的被任用,还有一个非常有趣的故事:

当李鸿章将刘铭传推荐给曾国藩时,还一起推荐了另外两个书生。曾国藩为了看一看他们三人中,谁的品德最好,便约他们在某个时间到曾府面谈。可是到了约定的时间,曾国藩却故意迟迟不露面,让他们在客厅中等候,却暗中仔细观察他们的一举一动。只见其他两位都显得很不耐烦的样子,不停地抱怨;只有刘铭传一个人安安静静、心平气和地欣赏墙上的字画。后来曾国藩故意考问他们客厅中的字画,只有刘铭传一人答得出来。

结果，刘铭传被推荐为台湾总督。

心平气和是一种祥和的状态，是一种修养，是一个人成熟的标志。那么，如何才能让自己始终保持心平气和呢？

第一，要转变自己的态度，用开放性的语气对自己坚定地说："生活中的任何人和任何事都不会像我想象的那么糟，他们都在期待着我成长和成功，我一定要用愉快的心情来回应他们，现在就让我用这种心情来试一试？"这样你的自主性就会被启动，沿着它走下去就是一片崭新的天地。

第二，多想想自己看他人脸色的滋味，这样就可以知道应该以一种什么样的表情来对待他人，当你觉察到自己的情绪不好时，要学会用简单的方法去排解它，告诫自己：不要去理睬它，你要学会自我安慰。

第三，要培养自我控制情绪的意识。比如，经常提醒自己，主动调整情绪。自觉注意自己的言行，久而久之就会在潜移默化中形成一个健康而成熟的情绪习惯。

第四，**转移情绪**，也就是暂时避开不良刺激，把注意力转移到另一项活动中去，以减轻不良情绪对自己的冲击。可以转移的活动很多，最好还是根据自己的兴趣爱好以及外界事物对你的吸引力来选择，如各种文体活动、与亲朋好友倾谈、阅读研究、琴棋书画等。

第五，放松身心，心情不佳时，可以通过循序渐进、自上而下放松全身，或者是通过深呼吸、自我按摩等方法使自己进入放松状态，然后面带微笑，想象曾经经历过的愉快情境，从而消除不良情绪。

巧诈不如拙诚

【原典】

与人交，多诈伪无情实，偷取一切，谓之乌集之交。

——《管子·形势解》

【古句新解】

与人交往，多诈伪无真诚，私自谋取一切，叫做乌鸦般的交情。

自我品评

管子借乌鸦讽刺那些以利聚合、不以诚相待的人，认为他们的交情一定不能长久。管子在这里提醒我们，与人交往一定要真诚。

真诚的人做事从不会违心、敷衍，更不会阴险地去欺骗。每时每刻，他们都在心中为真诚保留一个最温馨最美丽的位置。他们知道，只有真诚的爱，才能抚慰那些孤寂失望的心灵，只有真诚的关心和帮助才能使那些陷入困境的人获得新生的力量，只有真诚才能感动那些已经冷漠的心，也只有真诚才能让生活多一份宽容、多一份友爱、多一份和谐、多一份温暖、多一份美丽、多一份关注和理解。

少女莉薇天生丽质，言谈举止落落大方，十分招人喜爱。马克·吐温一见到莉薇，就对她产生了好感。随着彼此了解的加深，他们真诚地相爱了。但是，莉薇的家教很严，马克·吐温要想娶她，必须要征得她家里的准许。马克·吐温找到莉薇的父亲，提出了自己的请求。

由于莉薇的父亲对马克·吐温的为人不很了解，便没有立刻答应他，而是要他拿出材料来证明自己是个品行端正的人。

马克·吐温从莉薇的家里出来后，就去办这件事。他想让莉薇的父亲了解真实的自己，所以，他没有去找那些欣赏他的人，而是找到六位平时对他不屑一顾的人，请他们每人分别写出一份证明材料。自然，这六个人的证明材料里充满了嘲讽、批评之言，甚至对于这桩婚事也不认同，话里话外说的都是"此人不配令爱"的意思。

马克·吐温深知这六份证明材料对自己求婚不利，可还是把它们毫无保留地亲手交给了莉薇的父亲。莉薇的父亲仔细看完了六份证明材料就陷入了沉思，过了好一会儿才打破了沉默。他凝视着马克·吐温问道："他们都是些什么人？难道在这个世界上你连一个好朋友都没有吗？"

马克·吐温心想，大概是没戏了，他没做任何辩解地回答说："这样看来，的确是连一个好朋友都没有。"

出乎意料的是，未来的岳父大人对未来的女婿表示："我喜欢你的真诚，决定同意你和我的女儿结婚，因为真诚可以使一个人的缺点和错误变得值得原谅。现在，我比他们更了解你。首先，你是一个真诚的人，不隐讳别人对你的不好看法。其次，你也算是一个勇敢的人，敢于拿出对自己不利的材料来求婚。从现在起，我将成为你最真诚的朋友。"

莉薇的父亲没有看错人，真诚的马克·吐温也没有辜负莉薇一家人的信任。莉薇成为马克·吐温的妻子后，生活十分幸福、美满，正如她在写给姐姐的信中所说："我们的生活充满明媚的阳光，看不到一丝一毫的阴影……"

事隔多年，有一次岳父提及当年的求婚之事，问马克·吐温为什么要那样做？他微微一笑说："知道了我的弱点，你就不会对我期望过高；从不高的期望中发现我的优点，你就会为没有选错我而高兴和自豪，我是在用真诚求爱。"

马克·吐温的岳父满意地说："真诚不是智慧，但它时常放射出比智慧更诱人的光芒。有许多凭智慧冥思苦想得不到的东西，靠真诚却能轻而易举地得到它。"

真诚本身就是一种智慧，它能促进人与人之间的尊重和信任，为个人的发展打下坚实的基础。真诚是心胸开阔和充满自信的表现，是争取谅解、赢得人心和反败为胜的好方法。

1928年，散文家沈从文被中国公学聘为讲师。沈从文那时才26岁，他的学历只是小学文化，闯入上海的时间也不久，身上还带着一股泥土气息，却以灵气飘逸的散文而震惊文坛，颇有名气。

但是，名气不等于经验，也不等于胆量。在他第一次走上讲台的时候，除原班学生外，慕名来听课的人也很多。面对台下渴盼知识的学子，这位大作家竟整整呆立了10分钟一句话也说不出来，真是茶壶煮饺子，肚子里有货倒不出来。后来，他开始讲课了，由于紧张，原先准备要讲一节课的内容，在10分钟内就讲完了。

课讲完了，可是离下课的时间还早，沈从文没有死撑面子天南海北地侃下去，而是拿起粉笔，在黑板上一笔一笔端端正正地写道："今天是我第一次上课，人很多，我害怕了。"这老实可爱的真诚话语，引得课堂上爆发出一阵善意的笑声。

真诚是一种高贵的品质。

在华盛顿举办的美国第四届全国拼字大赛中，南卡罗来郡州冠军——11岁的罗莎莉·艾略特一路过关，进入了决赛。当她被问到如何拼"招认"（avowal）这个词时，她轻柔的南方口音，使得评委们难以判断她说的第一个字母到底是 A 还是 E。评委们商议了几分钟之后，将录音带倒带后重听，但是仍然无法确定她的发音是 A 还是 E。最后，主审约翰·洛伊德决定，将问题交给唯一知道答案的人。他和蔼地问罗莎莉："你的发音是 A 还是 E？"

其实，罗莎莉根据他人的低声议论，已经知道这个词的正确拼法第一个字母应该是 A，但她毫不迟疑地回答，她发音错了，是 E。

主审约翰·洛伊德问罗莎莉："你大概已经知道了正确的答案，完全可以获得冠军的荣誉，为什么还说出了错误的发音？"

罗莎莉认真地回答说："我愿意做个诚实的孩子。"

当她从台上走下来时，所有的观众都为她的诚实而热烈鼓掌。

第二天，报纸上有一篇报道这次比赛的短文：《在冠军与诚实中选择》。短文中写道，罗莎莉虽没赢得第四届全国拼字大赛的冠军，但她的诚实感染了所有的观众，赢得了所有观众的心。

真诚，不但是做人的准则，也是处世的智慧。古人云："百心不可得一人，一心却可得百人。"你待人以善意，别人以善意相报；你待人以真诚，别人以真情回馈。这也就是我们经常说的"将心比心"、"以心换心"。

做人必须真诚。其实，真诚并不难做到，只要与别人交往时说真话、办真事、抒真情，在别人跌倒时伸出援手，在别人沮丧时给他一个微笑……你便能远离虚假和欺骗，成为一个真诚的人。

信守诺言是做人的原则

【原典】

中情信诚则名誉美矣，修行谨敬则尊显附矣。中无情实则名声恶矣，修行慢易则污辱生矣。

——《管子·形势解》

【古句新解】

内心信诚，名誉就美了；修身严肃认真，尊显就来了。内心不诚实，名声就坏了；修身简慢松懈，污辱就来了。

自我品评

在这里，管子强调做人要信守诺言，信守诺言，别人才会信任你；否则，只会给别人留下不守信用的恶劣印象。

生活中，只有做到"一诺千金"，别人才会相信你是一个信守诺言的人，从而会信赖你、依靠你，你在事业上才能一帆风顺。

曾参，春秋末期鲁国有名的思想家、儒学家，是孔子门生中七十二贤之一。他博学多才，且十分注重修身养性，德行高尚。

一次，曾参的妻子要到集市上办事，年幼的孩子吵着要去。曾参的妻子不愿带孩子去，便对他说："你在家好好玩，等妈妈回来，将家里的猪杀了煮肉给你吃。"

孩子听了，非常高兴，不再吵着要去集市了。

这话本是哄孩子的，过后，曾参的妻子便忘了。不料，曾参却真的把家里的一头猪杀了。

妻子看到曾参把猪杀了，就说："我是为了让孩子安心地在家里等着，才说等赶集回来把猪杀了烧肉给他吃，你怎么能当真呢？"

曾参说："孩子是不能欺骗的。孩子年纪小，不懂世事，只得学习别人的样子，尤其是以父母作为生活的榜样。今天你欺骗了孩子，玷污了他的心灵，明天孩子就会欺骗你、欺骗别人；今天你在孩子面前言而无信，明天孩子就会不再信任你，你看这危害多么大啊。"

信守诺言是做人的原则，更是处世之本。一个人不讲信用，别人就不会相信他。失信于的人，不会有好的人缘，他最终将一事无成。

汉朝年间，有一个叫陈实的人。他为人正直，为官清廉，深受百姓的爱戴和好评。后来，陈实返回了故里，当地的官员、乡邻村民们都非常敬重他。

有一次，他与一个友人会面，酒足饭饱之后，两人决定一同远游，他们约定，次日午时在陈实家门前的大槐树下再次见面。两位友人为了表达各自的诚信，他们还在槐树前立了根高高的树干。如此之后，两人才揖手辞别。

次日，陈实提前来到了树干前，等了一段时间，眼看着树干底端的黑影渐渐东斜，午时已过。这时，陈实猜想友人是另有他事而不能同行，或是已经提前出发了，于是就上路了。

然而，就在陈实走了之后，他的朋友到了，左看右看，却不见陈实的影子，当即就气不打一处来，非要到他家去看个究竟问个明白，一到陈实的家门口，正看见陈实的长子在家门口玩耍。于是他便指桑骂槐，又像是自言自语地说道："真不是人哪！跟人约好一块出门的，却又不等人。"

当时，陈实的长子刚刚年满七岁，名陈纪，字符方，是一个人见人爱、非常懂事的孩子。等他父亲的友人数落完后，小陈纪说："您与我父亲约定在午时，午时不来，就是无信；当着对孩子骂他的父亲，就是无礼！"

那友人当即羞愧万分，想下车解释，而小陈纪头也不回就进屋去了。

一个人信用愈好，在事业上愈能打开局面。所以，必须重视自己说过的每一句话。人们总是喜欢说话算数的人，而讨厌总是食言的人。

那么，如何才能做到信守诺言呢？

首先，我们在向他人承诺时，一定要问自己能不能做到，如果做不到，或是没有把握，就不要轻易说"没问题"。

其次，如果许了诺，就一定要遵守。比如，你答应别人在何时何地见面，在你完全可以做到的情况下，你应推掉一切应酬准时赴约。

最后，如果经过努力，实在无法兑现承诺，应该及时告知对方，并且详细说明原因，真诚地表示自己的歉意并请求对方原谅。

失信于人，意味着丢失了做人的起码品德，意味着在别人眼里你是一个不讲信誉的人。所以，做人必须信守诺言。

第一章 慎言慎行
——管子原来这样说做人之道

不求满盈，留有余地

【原典】

日极则仄，月满则亏。极之徒仄，满之徒亏，巨之徒灭。孰能己无己乎？效夫天地之纪。

——《管子·白心》

【古句新解】

太阳到了最高点后就会走向倾斜，月亮到了最圆满后就会走向亏缺。最高的要走向倾斜，最满的要走向亏缺，最巨大了就将走向灭亡。谁能把自己忘掉呢？学一学天地的运行法则吧。

自我品评

管子用"日极则仄"、"月满则亏"来提醒我们，现实生活中，做人处世要谦逊低调，要懂得留有余地。

在道家思想中有这样一个观点，那就是"满招损，谦受益"、"天道忌盈，卦终未济"，这一思想对中国人的为人处世方式影响极大，它告诫人们处世要抱着"致虚守静"的态度，在事业上不要过度好强，在功业上也不可追求绝对的完美，这样才能明哲保身，才不致招来外患。

道家是以虚无为本，认为天地之间都是空虚状态，但是这种空虚却是无穷无尽的，万物就是从这种空虚中产生的。例如老子在《道德经》中说："持而盈之不如其已，揣而锐之不如长保。"这跟俗话所说"老实常存"的做人哲学完全相同，可见"知进而不知退，善争而不善让"就会招致灾祸。

从另一个意义来讲，功业不求满盈，留有余地，也是一种处世方法，比如对于积钱财置家业，求多求尽，而成为守财奴；对于功名地位，求高求上，不知急流勇退，那么历史教训就会再现。

"钱，有时不是什么好东西。"对于这一点，江南巨富沈万三是在他60岁那年才悟出的。在"商圣"的行列中，沈万三是一个响当当的名字，他为朱元璋造就了半个南京城，但最后却落了个流放云南、家破人亡的下场，这让后人感慨不已。

元至正十六年，张士诚割据平江，沈万三、顾瑛等当地大富户为求得庇护，都曾献金输粮，以示拥戴。不过几乎是与张士诚同时，朱元璋也参加了同乡郭子兴的起义军。

后来，朱元璋凭着自己过人的勇谋获得了军队的统率权，并带领义军攻打到了苏州城下。为了保住自己的庇护神张士诚，沈万三及苏州城内的巨商大贾个个都鼎力支持张士诚。朱元璋称帝后，极度憎恨这些为张士诚出力的江南富豪，于是便对江南一带格外加重了税赋，每亩税粮定成了七斗五升。

在一番审时度势之后，沈万三得出结论："这年头甭管是谁，都认一个钱字。我沈某人最不缺的也是个钱字。钱能逢凶化吉，钱也能带来更多的财富。"于是，在朱元璋大局已定的当口，沈万三决定洗心革面、故伎重施，赶紧做出效忠新皇帝的表示。他率领江浙大户向朱元璋的军队缴纳了税粮万石，以示忠心。

接着，他还以龙角贡献，并献上白金二千锭，黄金二百斤，甲士十人，甲马十匹，建南京廊庑、酒楼等。

不久，他又发现朱元璋虽然定都南京，但建造城墙却面临着严重的资金不足。于是，沈万三突然做出了一个惊人之举，上书自请"助筑都城三之一"，也就是聚宝门（今中华门）、水西门、两水关在内的这一段。

看来他这步棋没走错，朱元璋终于面露喜色。在完工庆贺的那天，明太祖朱元璋亲自为沈万三斟了酒，并话中带刺地说："古时候就有个白衣天子，号称'素封'。在我看来。说的也许就是您老人家啊！"

沈万三听后，受宠若惊，自顾自地在那里使劲地谢主龙恩，可他没想到，这一记马屁却实实在在地拍到了皇帝的马脚上。

朱元璋想："当初如果不是你极力支持张士诚，我何至于用了八个月才攻下苏州城？如今你又在我的面前显富，真是不把我放在眼里。"于是，朱元璋勃然大怒，拍着桌子大叫道："一个老匹夫不把我皇帝放在眼里，居然还胆敢替我犒劳天下之军？简直是个乱民，给我拉出去砍了？"

不过还好，当时"大脚"马皇后正在朱元璋的身旁。马皇后劝说朱元璋："如今大明初建，如果再随便杀人，就会落下一个滥杀无辜的罪名。沈万三是一个不祥之人，自然也就由上天来处置了，不如免掉他的死罪，改为其他的惩处。"

朱元璋听后，感觉有理，于是便把沈万三全家发配到了云南。到云南时，他已经是一个年过六旬的老人了。在这富与贫、荣与辱产生巨大反差的一瞬间，他从心理上和身体上都难以承受，江南与云南的生活习性、水土气候的差异实在太大，简直是从天堂跌到了地狱。

这次打击不仅使沈家失去了沈万三这个当家人，而且，富气也减去了大半，可谓人财两空。不仅如此，沈万三当时被捕时，周庄镇上株连甚多，有"尽诛周庄居者"之说。幸亏镇人徐民望不避斧钺，告御状至京城，才救下周庄全镇老小。

沈万三的长子沈茂，因为父亲曾捐过重金也谋得一个管理仓库的小官。但是，在后来执行任务时出了纰漏。此时，正是朱元璋看沈万三不顺眼的时候，于是被扣了顶"蓝党"的帽子，脑门上刻了字被发配到了东北的辽阳。

沈茂还有个弟弟叫沈旺，曾经官居户部员外郎，也得了重病，很快便一命呜呼了。这一年，沈家的成年男子都被凌迟处死，而且在被处死前都还要经过严刑拷打，逼问沈家财产的下落。而沈家的小孩则充军到了南丹卫，妇女发配到了浣衣局世代为奴。

沈万三显富招致祸患从洪武二十六年一直到洪武三十年才平息下来。沈氏家族因此彻底地衰落下去了。

做人一定要谦逊，不可自满不可目中无人，要懂得时时为自己留有余地。不论何事都不应妄想登峰造极，因为有上坡就必然有下坡，也就是有上台必然有下台的一天，事情到了一定的限度必然发生质的变化。一件事成功了如果不及时总结，不保持清醒头脑反而骄傲自满，沉溺在过去的成功之中，那么就可能使事情走向它的反面。

贪图安逸必将一事无成

【原典】

沉于乐者沦于忧，厚于味者薄于行，慢于朝者缓于政，害于国家者危于社稷。"

——《管子·中匡》

【古句新解】

沉湎于安乐的人必定会沉落在忧患之中，喜食厚味的人德行淡薄，怠慢朝政的人拖沓，有害于国家的人危害社稷。

自我品评

管子认为，人不能贪图安逸，在《管子》一书中多次记载管子劝谏齐桓公不要贪图安逸的故事。

齐桓公对管仲说："请仲父来饮酒。"齐桓公确定了宴请管仲的日期，挖了一口新井，用柴草覆盖着。齐桓公斋戒十日，召见管仲。

管仲到了以后，齐桓公拿着酒爵，夫人拿着酒杯敬酒。但酒过三觞后，管仲起身就走了。

齐桓公发怒说："我斋戒十日宴请仲父，自以为做得很好了。仲父却不辞而出,原因在哪里呢?"

鲍叔牙和隰朋赶紧出来,在途中追上管仲说:"桓公发怒了。"

管仲回来进到院中,背靠屏风站着,齐桓公不同他说话;再往前进到中庭,齐桓公还是不同他说话;再往前走,接近堂屋,齐桓公说:"我斋戒十日宴请仲父,自以为没有得罪的地方。您不辞而别,不知是什么缘故?"

管仲回答说:"沉湎于宴乐的人必定会沉落在忧患中,喜食肉味的人德行淡薄,怠慢朝政的人政事拖沓,有害于国家的人危害社稷,我就是因为这些而敢于走出的。"

齐桓公立刻下堂说:"我不敢以为自己做得很好,仲父年长,我也衰老了,我希望有这样一个日子慰劳一下仲父。"

管仲回答说:"我听说壮年人不懈怠,老年人不苟安,顺天道办事,一定有好结果。夏桀、商纣、周幽三王失去天下,并不是一个早上突然发生的,您为什么要苟安呢?"

管仲走出,这回齐桓公是以宾客之礼再拜而送出的。

过安逸的生活固然好——不用辛勤劳作,不愁吃穿。但安逸的生活也有不好的一面,它会消磨人的斗志,使人不思进取,甚至还会丧失一些生存的本能。

深山里有两块石头,第一块石头对第二块石头说:"去经一经路途的艰险坎坷和世事的磕磕碰碰吧,能够搏一搏,不枉来此世一遭。"

"不,何苦呢!"第二块石头嗤之以鼻,"安坐高处一览众山小,周围花团锦簇,谁会那么愚蠢地在享乐和磨难之间选择后者,再说那路途的艰险磨难会让我粉身碎骨!"

于是,第一块石头随山溪滚落而下,历尽了风雨和大自然的磨难。但它依然义无反顾地在自己的路途上奔波。第二块石头讥讽地笑了,它在高山上享受着安逸和幸福。

许多年以后,饱经风霜的第一块石头已经成了世间的珍品、石艺的奇葩,被千万人赞美称颂,享尽了人间的荣华。第二块石头知道后,

第一章 慎言慎行
——管子原来这样说做人之道

有些后悔当初，现在它也想投入到世间风尘的洗礼中，然后得到像第一块石头拥有的成功和高贵，可是一想到要经历那么多磨难，甚至有粉身碎骨的危险，便又退缩了。

一天，人们为了更好的珍存那石艺的奇葩，准备为它修建一座精美别致、气势雄伟的博物馆，建造材料全部用石头。于是，他们来到高山上，把第二块石头粉身碎骨，给第一块石头盖起了房子。

世人往往也是这样，一开始就只知享受的人与一开始就执著奔波的人，最后的结局往往都是后者成了珍品。前者成了废料。

所以，人千万不能贪图安逸，否则将一事无成，甚至因此害了自己。

然而，令人遗憾的是，贪图安逸似乎成了现代人的通病。生活中，有人面对"灯红酒绿"，就沉迷其中而不能自拔；有人缺乏进取之心，工作中不断降低标准，只求得过且过；有人自身素质不高，却没有求知的欲望，不求上进；更有甚者，把追求享受当成人生的目标，与人比吃喝、比玩乐……贪图安逸的危害是巨大的。贪图安逸，人就没有雄心大志，害怕艰苦的生活，惧怕磨难，面对挫折则容易放弃自己的志向，整天沉迷于安稳的生活，陶醉于快乐的享受，根本不可能磨炼出坚强的意志，而且还有可能因为贪图享乐而招致灾祸。

读过《西游记》的人都知道，唐玄奘与三个徒弟是经历了九九八十一难才从西天取回真经的。《西游记》虽是一部充满离奇古怪想法的浪漫主义小说，但取经这个过程的设置却充分显示出一种最为质朴的经验主义，我们常说的"吃得苦中苦，方为人上人"于此中体现最深。

"人上人并不是一般功利的想法，它可以在生活上比一般人较为豁达开朗，眼光远大，做起事来也可以得心应手。如果我们从小就安安稳稳、无风无浪，像花朵一样生活在暖房里，我们所见的天日就只有那么一点点，所能适应的温度也就只有那么一点点，那还有什么意思呢？

东晋的时候，有一名臣陶侃，字士行，溪族，原籍东晋鄱阳郡，就是今天江西波阳县东北。陶侃立有战功，曾任荆州刺史。有人因妒嫉而说坏话陷害他，因此陶侃被降职调往偏僻的广州地区。在古时候，广东广州是蛮荒之地，都是有罪的人被流放的地方。

陶侃在广州无事可做，非常清闲，但他并没有自暴自弃，更没有放纵自己贪图安逸享受。而是每天早晨把一百块砖从书房里搬到房外；到了晚上，再把砖搬回屋内。人们很奇怪，便问他原因。

陶侃回答说："我致力于收复中原，如果过于安逸闲散致使意志消沉，恐怕将来不能成就大事。"

陶侃后来回到荆州，荆州百姓高兴地互相庆贺。在荆州他尽管公务繁忙，可仍然坚持搬砖，以此磨练自己的意志，后人称其为"运甓翁"。

陶侃经常对人说："大禹是圣人，他尚且珍惜每寸光阴，至于我们这些普通人，就应该更加珍惜每一分光阴，怎能去放纵游乐，醉生梦死呢？"

现在长沙开福区有个"惜阴里"，据说就是由陶侃这句珍惜光阴的名言而得名。

忍辱负重、不图安逸、意志坚韧的陶侃后来被提升为征西大将军兼荆州刺史，都督八州军事，封爵长沙郡公，声名显赫。

人生在世，每个人都希望自己有幸福的生活，能够享福。这种想法当然没有错。其实幸福的生活和安逸这是两个完全不同的概念。幸福的生活是以人的心灵的感受为标准的，而安逸享乐多是身体的享受了。对于人来说，心和身是本和末的关系。心灵的平和快乐是本，如果一味地追逐身体的享乐，就是本末倒置了。

不要轻视任何人

【原典】

"非婢子之所知也。"婢子曰:"公其毋少少,毋贱贱。"

——《管子·小问》

【古句新解】

管子说:"这不是婢女所能理解的。"婢女说:"您不要轻视少年人,也不要轻视地位卑贱的人。"

自我品评

管子在此提醒我们,无论是谁都不要轻视别人。管子之所以这样说,是因为他也曾犯过轻视别人的错误。

有一天,齐桓公派管仲去拜访宁戚,希望宁戚能出来做官,宁戚却回答说:"浩浩乎?"管仲不明白是什么意思,不吃不喝地想这句话。

管仲家里的婢女问:"先生有什么心事吗?"

管仲回答:"这不是婢女所能理解的。"

婢女说:"您不要轻视少年人,也不要轻视地位卑贱的人。"

婢女接着说:"从前,吴国与干国打仗,规定没有脱退乳齿的少年不得参军，国子就拔掉了他的乳齿，参军为干国立了很多军功。过去，百里奚是秦国的一位读书人，家境贫困，但是，秦穆公请他做了秦国的宰相后，秦国就称霸于诸侯。由此可见，地位卑贱的人可以轻视吗？年龄小的人知识就一定少吗？"

听了这席话，管仲说："好。齐桓公派我去征求宁戚的意见，宁戚答复说：'浩浩乎？'我不知道是什么意思。"

婢女说："诗里有这样的句子：'无边无际的是水，摇头摆尾的是鱼，没有家室，你召我住在哪呀？'宁戚是想要娶妻成家吧？"

管仲的疑惑，被婢女一语道破天机。

可见，人的智慧不因人的地位高低而不同，那么我们又怎么能轻视别人呢？

每个人都有自己的价值，我们不必因为自己在某方面看似比他人优越便骄傲自满，进而轻视别人，这是一种浅薄的表现。自恃甚高的人，大多得不到他人的认可，难免影响人际关系。

曾读过这样一个寓言故事：

鹰王和鹰后从遥远的地方飞到远离人类的森林。他们在密林深处定居下来，于是就挑选了一棵大橡树，开始筑巢，在这儿孵养后代。

鼹鼠看到后，向鹰王提出警告："这棵橡树可不是安全的住所，它的根几乎烂光了，随时都有倒掉的危险。"鹰王根本听不进鼹鼠的劝告，老鹰不需要鼠来提醒。认为这些躲在洞里的家伙，难道能否认老鹰的眼睛是锐利的吗？鼹鼠是什么东西，竟然胆敢跑出来干涉鹰王的事情？于是鹰王当天就把全家搬了进去。不久，鹰后孵出了小家伙。一天，当外出捕食的鹰王飞回来，橡树倒了，他的妻儿摔死了。鹰王悲痛不已，他放声大哭道："我多么愚蠢啊？我竟然把最好的忠告当成了耳边风，所以，命运就给予我这样严厉的惩罚。我从来不曾料到，一只鼹鼠的警告竟会是这样准确，真是怪事啊！"

从这个小小的寓言故事可以看出：在你轻视别人时，你的眼光差不多都是错的，不要把自己的眼光放得太高，学会不轻视别人，也就

第一章 慎言慎行
——管子原来这样说做人之道

是在学会尊重自己，学会以平等的心态去看人生。事物的表象常常蒙着一层面纱，在没有了解之前，不要轻易扼杀一个人的自尊。

有个叫吴裕的富商，十分通情达理，对人总是很诚恳。

有一次，他要招一批舂米的工人，派人把消息放了出去。有人把这事告诉了公孙穆，公孙穆高兴极了。他想：这下可有机会赚些钱继续求学了。那时候，去给人舂米被认为是低贱的工作，但公孙穆已经顾不得这些了，他把自己打扮成那种干重体力活的样子，穿一套短衫短裤就去应征了。

一天，吴裕打算去舂米的地方转一转，巡视一番。他信步走来，东瞧瞧，西看看，最后在公孙穆身边站住了。公孙穆正干得满头大汗，也没有注意吴裕在他旁边，还是一个劲地舂他的米。

过了好一会儿，吴裕越看越觉得公孙穆的动作很不熟练，体力也不怎么好，不太像一个舂米的工人，就问他道："小伙子，你为什么会到我这儿工作呢？"

公孙穆随口答道："为了赚些钱作学费。"

吴裕说："哦？原来你是个读书人啊，怪不得我看你斯斯文文的，不太像工人。别干了，休息一会儿吧，咱们俩聊聊？"他俩谈得十分投机，相见恨晚。后来，这两个人结成了莫逆之交。

吴裕并没有因为贫富悬殊而看不起公孙穆这个穷书生，反而同他交上了朋友。这种不轻视别人的品质是很可贵的。我们交朋友，同样不应以贵贱、贫富为标准，而更要看重一个人的才识和品行。

道理很简单，但并未引起人们足够的重视。生活中，轻视别人的现象较多见。城里人轻视乡下人，开小汽车的轻视蹬三轮的，高级白领轻视做小工的，……任何人和任何与人有关的事物，都可能是轻视中的一个因素。

没有人愿意被轻视，也没有任何一个善良的人愿意轻视别人。但问题是，有时我们可能已经轻视了别人而不自知。而人与人之间的误解乃至怨恨就是这样产生的。

027

人生在世，无论谁的存在和进步都希望得到他人的肯定和认可，谁也不愿意被漠视或遗忘，这是人的一种共性。然而，如果一味地以自我为中心，狂妄自大，目中无人，这除了会使他人反感外，又有什么益处呢？所以，放下自己的高傲吧，记得不要轻视身边的任何一个人！

别做吝啬的铁公鸡

【原典】

吝于财者失所亲。

——《管子·牧民》

【古句新解】

吝啬财物的人，总是无人亲近。

自我品评

在这里，管子提醒我们，做人不能吝啬。因为吝啬的人，喜欢凡事斤斤计较，他们不可能有好的人缘，也不可能有大的作为。

说到吝啬，不免让人想起《儒林外史》中的严监生。

严监生临死之前，伸着两个指头，怎么也不肯瞑目。众人纷纷猜测他的意图。大侄子走上前问他："二叔，你莫不是还有两个亲人没有见面？"他摇头。二侄子又走过来说："叔，莫不是还有两笔银子在哪里没有吩咐？"他又摇头。老妈子抱着严监生的儿子在一边插嘴说："老爷是想两位舅爷不在眼前，因而记念着他们？"他闭上眼睛，只是摇头，手依然伸着。

他的填房老婆赵氏揩干了眼泪，走上前来说："老爷，别人说的都是不相干的事，只有我知道你的心思，你是为了灯盏里头点的是两茎灯草芯不放心，怕浪费了油，我如今挑掉一根就是了。"说着走过去挑掉一茎灯草芯，严监生这才把头一点，手垂下来，咽了气。

严监生临死不忘掐灯芯，可见其吝啬的程度。吝啬的人就是这样，对于财物的任何支出都会感觉到一种近于生理性质的痛苦，这几乎是他们的一种本能，他们即便再富裕也难以克服这种本能。因此，财产越多，支出的机会也就越多，但是他们反而感觉越痛苦。

吝啬之人都非常计较个人的得失，遇事总怕自己吃亏。他可以大慷公家之慨，对个人利益却丝毫不能让步。这种人总是高估人家低估自己，永不知足，因而也具有贪婪之心。吝啬之人非常看重自己的财富与利益，为了既得利益，可以六亲不认，甚至"老死不相往来"。对别人的苦楚显得冷漠无情，毫无怜悯之心，甚至落井下石。吝啬之人很少参与社会活动，也不关心周围的事物，"事不关己，高高挂起；明知不对，少说为佳"。他们不愿意帮助别人，因此很少有知心朋友，有了困难也就很难得到他人的帮助。

传说一只铁公鸡死后要求面见天帝。它愤懑地说："下辈子我一定要做人。因为当铁公鸡不仅遭人戏弄还没有钱。看看我的主人吧，他们衣着华丽，使用的东西又那么先进，做人是世界上最美妙的事情。"

天帝笑着说："你这个要求也不为过，你有这么一个好运气，和人几乎一样聪明，最主要的是操作起来很简单……来人……"

随着天帝的一声吩咐，一群可爱的天使向铁公鸡走来，他们手中都拿着一把小镊子，接着就抓住铁公鸡，飞快地拔起它身上的毛来。一时间，铁公鸡痛得嗷嗷直叫，它不满地问天帝："你刚才不是说我的要求不过分吗？为什么要这么折磨我？"

天帝仍然温和地笑着说："你要变成人自然要先拔掉身上的毛！只有这样才能变成一个人，你要一毛不拔怎么能做人呢？"

做人不能成为一毛不拔的铁公鸡，应该大方一点、慷慨一点，该

第一章 慎言慎行
——管子原来这样说做人之道

出手时就出手。

纵观古今，还没有一个吝啬的人做成过大事，或者成为受人尊敬的人。金钱乃身外之物，而有人就是不能理解这一点，一生广聚财富，对人却极其吝啬。

真正明了钱财是身外之物的人，他们也才知道怎样去使用财物。能解人之难，救人之患，急人之急，不吝自己的财物，是有高尚道德的人。也正是这样，才能团结人、吸引人和他们一起成就大事业。

唐代的严震，任山南西道节度使时，有一个人向他借钱谋生，严震就召集他的儿子公弼等人征求意见，公弼认为是社会风气太坏了，有人不事劳作，只想发财，完全可以不答应这种无理的要求。

严震听了很不高兴，他说："你这样吝啬肯定会毁了我们家。作为儿子，你应该劝我尽力多做善事，怎么可以劝我吝惜财物呢？这个向我借钱的人，一张口就要借300两，这不是个小数目，敢开口借这么多钱的人，的确也不是一般的人。"

于是，严震让手下的人如数把钱借给了那个人。这样一来剑南西川、东川及山南西道三川的士子争先恐后地归顺于严震，而且其中也没有人提出什么过分的要求。严震正是因为不吝啬钱财而获得了众人的拥护。

吝啬，俗称小气，"一毛不拔"。《颜氏家训·治家》中有："吝者，穷急不恤之谓也。"可见，吝啬是一种有能力帮助他人却不肯付诸行动的行为。吝啬者自私、冷漠，斤斤计较于个人的得失，毫无怜悯之心，不关心周围的事物，不愿意帮助别人，因此很少有知心朋友，有了困难也很难得到他人的帮助。反之，远离吝啬，像严震一样关心、帮助别人，就会得到别人的尊敬。

如果一个人过于吝啬自己的财产、金钱，他会因此而失去许多朋友，也会失去许多用金钱买不到的东西。

有一天，辛格和一个旅伴穿越高高的喜马拉雅山脉的某个山口，他们在雪地里艰难地走着。忽然，辛格看到前面雪地里有一个人躺在

031

那里，看样子像是被冻僵了。辛格想停下来帮助那个人，但他的旅伴说："我们现在想过这座雪山都已经很困难，如果再带上他这个累赘，我们就会丢掉自己的命。"听到这话以后，辛格觉得有点失望，但他不能丢下这个人，让他死在冰天雪地之中，于是他决定带这个人一起走。

当他的旅伴跟他告别时，辛格把那个人抱起来，放在自己背上。他使尽力气背着这个人往前走。渐渐地，辛格的体温使这个冻僵的身躯温暖起来——那人活过来了。

过了不久，那个人恢复了行动能力，于是两个人并肩前进。当他们赶上那个旅伴时，却发现他死了——是被冻死的。原来，辛格背着人走路加大了运动量，保持了自身的体温，和那个人一起抵御了寒冷。而他的旅伴却因为缺少能量被冻死了。

帮助别人的同时，就是在帮助你自己。所以，现实中的我们千万不可做那种吝啬的铁公鸡。

第一章 慎言慎行
——管子原来这样说做人之道

做人有主见，不可偏听偏信

【原典】

人言善亦勿听，人言恶亦勿听，持而待之，空然勿两之，淑然自清。

——《管子·白心》

【古句新解】

人们说好，不轻易听信；说不好，也不轻易听信。保留而加以等待，虚心地戒止冲突，终究会寂然自明的。不要把道听途说当成事实，要进行观察与考证，不听信任何巧辩，把万事万物归并到一起，相互比较之下，美、恶就自然显现出来了。

自我品评

管子在此强调了慎听的重要性，管子认为，做人要有自己的主见，千万不可偏听偏信，乱下判断。

有一个故事说得非常好：爷孙俩买了一头驴往家走，爷爷看孙子小就让孙子骑在驴身上，走着走着，有人说这孙子不懂孝敬；孙子听了后就让爷爷骑着驴走，此时又有人说爷爷不疼孙子。怎么办？爷孙俩干脆都不骑了，牵着驴走；可又有人笑话他们放着好好的驴不骑，纯是俩傻瓜；听到这话，爷孙俩都骑在了驴身上，可还是有人说，这俩人心真狠呀，存心想把驴累死；最后，没办法了，爷孙俩把驴的四蹄绑起来抬着走了。

祖孙两个由于缺少主见，在别人的多次牵引下落得个尴尬与愚昧的下场。这虽然是一个虚构的故事，但细想起来，其中还是蕴涵着深刻的道理，那就是做人一定要有主见，不可偏听偏信。做人不能没有主见，处事不能没有决断。日常生活中如果事事需要别人都点头，那你的事情就肯定平淡得像河边的一粒沙子。

人上一百，形形色色。每个人的生活背景，知识结构背景，个人的兴趣爱好，个人的喜怒等等不同，他们的所思所想也就不同，所说的话也会带有个人的感情色彩与个人偏见，并不能代表事实就是如此，因此对于身边的各种言论应当保持一种平常的态度，不要急于下判断，这样才能保持清醒的头脑，不为物惑，从而不为物累。就是别人真心实意的言论，也只能当成一种意见而已。

20世纪90年代初期，IBM陷入了困境。无论是科技工作者，还是电脑专家都认为世界将由分散的网络计算机所主宰，大型主机已是明日黄花了。而在这个台式机的革命浪潮中，IBM被落在了后面。在IBM所创造的个人电脑(PC)市场上，竞争者们(如康柏、戴尔和NEC)已是后来者居上，而在IBM占统治地位的服务器市场，也有一些服务器生产商(如美国SUN公司、美国数据设备公司DEC和惠普公司)横刀抢了进来。同样的，像微软、联合电脑公司和甲骨文公司这样的竞争者，又控制了原来IBM也有份的高利润软件市场。看起来，IBM好像单凭自己的硬件、软件、操作系统或是数据库查询语言，很难打破新生的PC厂商和软件商所占的统治地位。

除了这些与技术相关的挑战，IBM与客户的关系也是每况愈下。郭士纳的前任就曾计划将公司重组为13个部门，并进行大幅裁员。而且，由于很高的负债率，公司的信用等级也出现大幅滑坡。1993年，IBM当时的领导者郭士纳，面临着一个巨大的挑战：如何让电脑生产商 IBM 公司扭转当时的颓势。

起初，郭士纳打算提高 IBM 的服务能力，以销售更多的硬件和软件。但是，在与客户交谈时，郭士纳却不断听说，大公司仍希望能有一家外部专业厂商，为他们制定技术策略、建构及运作他们复杂的网络系统。基于这种说法，郭士纳迅速改变了自己的计划。他决定不和竞争对手们硬拼，而把 IBM 存亡与否的前途，押在了大型主机和服务业务上——这个决定挑战了当时流行的业内观点。

在郭士纳的督促下，IBM 投入巨资以整顿和复兴其大型主机产品线，他还认为，对于网络的连接来说，大型机和服务器是同等重要的。而且，他还致力于改善与顾客的关系，并在高利润、高附加值的服务业务上建立良好的品牌。尽管在当时，他这两个决定饱受诟病，因为很多业内专家都认为大型机技术的好景一去不复返，而且在信息技术(IT) 服务这个领域 IBM 若想和现有厂商竞争，实属自不量力。然而，到了 1996 年年底，新大型主机的销售额节节攀升，信息技术服务也已成为了 IBM 增长幅度最大的业务。因此，郭士纳被广泛誉为"蓝色巨人" (这是 IBM 的一个别名，蓝色是 IBM 的企业识别色) 的救星。

郭士纳的自新、果决和机动性，使得 IBM 重获新生。基于与重要客户的探讨，郭士纳大胆地"跟着感觉走"，挑战了 IBM 公司内部和业内所认为的"公理"。在反叛的同时，他非常果断地采取了行动，几乎所有的重要决定都是在他上任 90 天内做出的。而且，他会听取重要客户的意见，并将这些意见整合在一起，据此主动修定自己原有的计划，从而大大增加了扭转乾坤的可能性。最后，以下这一切的努力使得郭士纳打破了僵局：郭士纳通过 IBM 的战略重新定位于提供大型主机和信息技术服务，对 PC 生产商和软件供应商形成了包围之势，夺回了失地。

在这个故事当中，业内专家的劝说正是一种"意见"，郭士纳没有采纳，于是他成功了。而我们能够分辨出哪些是正确意见吗？掌握属于自己的资料、客观地分析、坚持自己的想法，也许你就能够做到。

首先，无论做什么事情。都要有自己的主观思路。无论事情发展到什么地步，自己的主观思路要始终起着引领作用。如果自己的主观思路出现偏差或者错误，则在整体把握方向的前提下，进行适当的修正与调整。对于别人的意见或者建议，可以听取，但是采纳与否，要根据事物的整体发展情况进行判断后再选择，不可盲目地听从他们的指挥。

其次，做事不可急躁，不可盲目。要有计划，要沉稳处理各种事务，并要做好应急的心理准备。对于特殊情况下出现的任何情况，都要有个最低限度与最高限度的把握，这样才不会出格，才能使事情沿着大体的思路与方向发展下去。

再次，不可感情用事、不可意气用事。凡事要以原则、目标为准绳，原先计划好的事情可能会随着某些意外的因素而发生或多或少的改变，但是主题思想是不变的，宗旨是不变的，变的只是达成目标的过程和方法。

有主见，才会有思想，有思想才会有思路，有思路才会有结果，有结果的人一生才会充满幸福。那些缺乏主见，偏听偏信，如"墙头草"一般随风倒之人，必将一事无成。

第二章 敬守勿失
——管子原来这样说做事之道

"敬守勿失,是谓成德,德成而智出,万物毕得。"管子认为只要德有成,就能出智慧,这样就能得到想得到的万事万物。这句话说起来容易做起来却很难。大千世界,维系复杂,要想达到这一做事境界,则必须"随时而变,因俗而动",必须志存高远、勤奋努力,更需要我们珍惜时间,把握尺度。

欲成大事必立高远之志

【原典】

今日君成霸，臣贪承命趋立于相位。

——《管子·大匡》

【古句新解】

您今天同意追求霸业，我遵命坐上相的位置。

自我品评

管子认为一个人要有远大的志向，志向越远大，意志才会越坚定。没有远大的志向，那么，一个人一生只能碌碌无为。

人贵有志。昔时少年项羽因为看到秦始皇出游的赫赫声势，有了取而代之的念头，才有历史上的楚汉相争；诸葛亮躬耕南阳，因为常"好为梁父吟，自比管仲乐毅"，才有魏晋时期的三国鼎立；霍去病因为有"匈奴未灭，何以家为"的壮志，才演绎出一代英雄赞歌；可以毫不夸张地说，一个人是否胸怀大志，小则关系到自身的成败，大则关系到时代的发展。所以自古以来，人们都十分强调立志的重要性。而无数的事实也证明，凡是能够成大事者，无不是有高远之志的人。

有个出生于旧金山贫民区的小男孩，因为从小营养不良而患有软骨症，在6岁时双腿变形成弓字形，而小腿更是严重萎缩。在他幼小心灵中一直藏着一个没有人相信会实现的梦——除了他自己。这个梦就是有一天他要成为美式橄榄球的全能球员。他是传奇人物吉姆·布朗的球迷，每当吉姆所属的克里夫兰布朗斯队和旧金山西九人队在旧金山比赛时，这个男孩便不顾双腿的不便，一跛一跛地到球场去为心中的偶像加油。由于他穷得买不起票，所以只有等到全场比赛即将结束时，才能从工作人员打开的大门溜进去，观看最后几分钟的比赛。

13岁时，有一次，布朗斯队和西九人队比赛之后，他在一家冰淇淋店里终于有机会和心目中的偶像面对面接触了，那是他多年来所期待的一刻。他大大方方地走到这位大明星的跟前，朗声说道："布朗先生，我是你最忠实的球迷。"吉姆·布朗和气地向他说了声谢谢。这个男孩接着又说道："布朗先生，你知道一件事吗？"吉姆转过头来问道："小朋友，请问是什么事呢？"男孩以一副自豪的神态说道："我记得你所创下的每一项纪录。"吉姆·布朗十分开心地笑了："真不简单。"这时小男孩挺了挺胸膛，眼睛闪烁着光芒，充满自信地说："布朗先生，有一天我要打破你所创下的每一项纪录。"

听完小男孩的话，这位美式橄榄球明星微笑着对他说道："好大的口气，孩子，叫什么名字？"小男孩得意地笑了，说："奥伦索，先生，我的名字叫奥伦索·辛普森，大家都管我叫O·J。"

奥伦索·辛普森日后的确如他少年时所言，在美式橄榄球场上打破了吉姆·布朗所写下的所有纪录，同时又创下一些新的纪录。

有志者事竟成，立志对于我们事业的成功具有极其重要的意义。因为一个人一旦有了高远之志，就会对人生抱有积极向上的乐观态度，积极进取，信心十足地努力，并且坚持不懈，直到成功。

司马迁自幼受其父影响，诵读古文，熟读经书，20岁就周游全国，考察名胜古迹，山川物产，风土人情，访求前人轶事典故，后又继任太史令，得以博览朝廷藏书、档案典籍。太初元年（公元前104年）.

第二章 敬守勿失
——管子原来这样说做事之道

遵照父亲遗志开始着手编撰一部规模宏大的史书。

正当司马迁努力写作之际，不幸的事情发生了。天汉二年（公元前99年），名将李广之孙李陵率兵5000出击匈奴，开始捷报频传，满朝文武都向武帝祝贺，但几天之后，李陵被匈奴兵围困，寡不敌众，在士卒伤亡殆尽的情况下，被匈奴俘虏。几天前称颂李陵的文武大臣反过来怪罪李陵。司马迁替李陵辩护，触怒了汉武帝，被打入天牢。按照西汉的法律，大夫犯罪，可以以钱赎身，但司马迁家里贫穷，一时间拿不出那么多赎金；曾经亲近的左右，谁也不敢替他说情或帮助他，最后司马迁受到了宫刑。出狱之后，司马迁担任中书令，这种职务历来都是由宦官担任的，对士大夫来说是一种耻辱。司马迁的朋友任安在狱中给他写信，表示对他的行为深感不解。司马迁回信说："我并非怕死。每个人都有一死，或重于泰山，或轻于鸿毛。如果我现在死了，无异于死了一只蝼蚁。我之所以忍辱苟活，是因为撰写史书的宿愿还没有实现。从前，周文王被困于羑里才推演出《周易》，孔子被困于陈蔡才作出《春秋》，屈原被放逐于江南才写下《离骚》，左丘明失明之后才完成《国语》，孙膑被削掉膝盖骨才编著《兵法》，吕不韦贬于蜀地才作出《吕氏春秋》，韩非被拘禁于秦才写出《说难》、《孤愤》，我要效法这些仁人志士，完成我的书啊！到那时，就可以抵偿我的屈辱，即使碎尸万段我也没有什么可悔恨的了。"

经过20年的磨砺，司马迁终于完成了名垂千古的《太史公书》，后人称之为《史记》。

立身者当志存高远。一个人唯有立下高远的志向，才可能在人生之路上，披荆斩棘奋勇直前。若没有高远的志向，司马迁又怎么能在受了宫刑之后完成卷帙浩繁的《太史公书》呢？

事实上，一个人能成为什么样的人，首先是他想成为什么样的人。没有远大志向的人是永远不会有大作为的。有了远大志向，才能有较高的奋斗目标，才能把自己的潜力挖掘出来，投向高标准的追求，最大程度地实现自己的人生价值，才能不甘于平淡，才能免于沉沦。

当然，远大志向的实现不可能一帆风顺，总会遇到困难和挫折。只有那些在崎岖的道路上不畏艰险、勇于攀登的人，才能到达光辉的顶峰。人是有惰性的，要时时提防，注意克服。其实，困难和挫折并不可怕，可怕的是被困难和挫折吓倒，勇于进取、坚忍不拔的人，一定能取得最后的成功。

志向高远，但不可好高骛远

【原典】

请勿于天下，独之于吾国。

——《管子·山至数》

【古句新解】

这办法请不要施先行于天下，应从本国做起。

自我品评

在管子看来，要想实现远大的理想，就要脚踏实地，切忌好高骛远。

所谓"好高骛远"，是指那种不切实际地追求过高目标的心态。好高骛远者往往总盯着过于远大的目标，大事做不来，小事又不做，最终空怀梦想，一事无成。

现实生活中，我们必须摒弃好高骛远之心，它就像缘木求鱼、水中捞月一般。谁都希望自己的事业在最短的时间里成就最大，但是不顾自己的实际情况，好高骛远地追求更高更大的目标，一定会遭受失败。凡事都是由小到大，从微薄到宏伟，绝不可能一蹴而就。

古代有个叫养由基的人精于射术，且有百步穿杨的本领。相传连动物都知晓他的本领。

一次，两只猴子抱着柱子，爬上爬下，玩得很开心。楚王张弓搭箭要射它们，猴子毫不害怕，还对人做着鬼脸，仍旧蹦跳自如。这时，养由基走过来，接过了楚王的弓箭，于是，猴子便哭叫着抱在一块，害怕得发起抖来。

有一个人仰慕养由基的射术，决心要拜养由基为师，经过多次请求，养由基终于同意了。收为徒后，养由基交给他一根很细的针，要他将针放在离眼睛几尺远的地方，整天盯着针眼看，看了两三天，这个学生有点疑惑，问老师说："我是来学射箭的，老师为什么要我干这种莫名其妙的事，什么时候教我学射术呀？"

养由基说："这就是在学射术，你继续看吧！"

于是，这个学生继续着这一枯燥的学习。

过了几天，他便有些烦了。他心想我是来学射术的，看针眼能成为神射手吗？这个徒弟不相信这些。

养由基又教给他练臂力的办法。让他一天到晚在掌上平端一块石头。伸直手臂，这样做很辛苦，那个徒弟又想不通了，他想，我只想学他的射术，他让我端这石头干什么？

养由基看他好高骛远、毫无耐性，也就由他去了。这个人最终也没有学到射术。

秦牧在《画蛋·练功》一文中讲道："必须打好基础。才能建造房子，这道理很浅显。但好高骛远、想走捷径的心理，却常常妨碍人们去认识这个最普遍的真理。"故事中，跟养由基学射箭的那个人，就犯了好高骛远的毛病，他最终也只能是一事无成。

从那些失败者走过的足迹上看，导致失败的原因很多，好高骛远就是其中一条。他们的想法和做法不切实际，恨不得一口吃成一个胖子，一下子把事业做大。过高地估计自己的才智，对一些所谓的小事情不屑去做，总认为自己应该去做更大、更重要的事情。岂不知这样就等于把自己的事业建立在沙滩上，早晚有一天会轰然倒塌。

第二章 敬守勿失
——管子原来这样说做事之道

成功者从不朝秦暮楚，也不浅尝辄止，而是以一颗平常的心去诠释成功。他们做事有始有终，切合实际，不急躁、不盲目、不务虚，不仅有一套明确的目标和达到目标的具体方法，并且也付出最大的努力去实现他们的目标。

甘蝇是古时候的一位射箭能手。只要看到甘蝇射箭的人，没有哪一个不称赞他是射箭能手，真是百步穿杨，百发百中。他的学生叫飞卫，他跟着甘蝇学射箭非常刻苦，几年以后，飞卫射箭的本领赶上了他的老师甘蝇。后来，又有一个名叫纪昌的人，来拜飞卫为师，跟着飞卫学射箭。飞卫让他先从练长时间不眨眼开始。

纪昌回到家里，仰面躺在他妻子的织布机下面，两眼一眨不眨地直盯着他妻子织布时不停地踩动着的踏脚板。天天如此，月月如此，心里想着飞卫老师对他的要求和自己向飞卫表示过的决心。要想学到真功夫，成为一名箭无虚发的神箭手，就要苦练这项基本功。这样坚持练了两年，从未间断。即使锥子的尖端刺到眼眶边，他的双眼也一眨不眨。之后纪昌整理行装，离别妻子到飞卫那里去了。飞卫听完纪昌的汇报后却对纪昌说："要学好射箭，你还必须练好眼力才行，要练到看小的东西像看到大的一样，看隐约模糊的东西像明显的东西一样。你还要继续练，练到了那个时候，你再来告诉我。"

纪昌又一次回到家里，选一根最细的牦牛尾巴上的毛，一端系上一个小虱子，另一端悬挂在自家的窗口上，两眼注视着吊在窗口牦牛毛下端的小虱子。然后，目不转睛地看着。10天不到，那虱子似乎渐渐地变大了。纪昌仍然坚持不懈地刻苦练习。他继续看着、看着，目不转睛地看着。三年过去了，眼中看着那个系在牦牛毛下端的小虱子又渐渐地变大了，大得仿佛像车轮一样大小。纪昌再看其他东西，简直全都变大了，大得竟像是巨大的山丘了。于是，纪昌马上找来用北方生长的牛角所装饰的强弓，用出产在北方的蓬竹所造的利箭，左手拿起弓，右手搭上箭，目不转睛地瞄准那仿佛车轮大小的虱子，将箭射过去，箭头恰好从虱子的中心穿过，而悬挂虱子的牦牛毛却没有被射断。这时，纪昌才深深体会到要想成为神箭手必须踏踏实实地把日常的基本功练好才行。之后他把这一成绩告诉了飞卫。

飞卫听了很为纪昌高兴，甚至高兴得跳了起来，并还用手拍着胸脯，走过去向纪昌表示祝贺说："你成功了，对射箭的奥妙，你已经掌握了啊！"

罗马不是一天建成的，成功也不是一朝一夕就能取得的。面对自己的高远目标，想早点达到的迫切心情可以理解，但是千万不能急躁，一旦过于急躁，滋生了浮躁之气，反而会影响你目标的实现。倒不如将你的视线从远处收回来，着眼于当前的行动，只要你踏踏实实地走好每一步，抵达目标就是水到渠成的事情了。

珍惜时间如同生命

【原典】

时之处事精矣，不可藏而舍也。故曰：今日不为，明日亡货。昔之日已往而不来矣。

——《管子·乘马》

【古句新解】

时间对于生产是宝贵的，不可能把它储藏起来使它停止不前。所以说，今天不进行生产，明天就没有财货。过去的时光一旦消逝，就不会再回来了。

自我品评

在这里，管子强调了时间的宝贵，提醒我们必须珍惜时间。

曹操《短歌行》诗叹："人生几何？"汉武帝《秋风辞》以及杜甫《汉陂行》都说过："少壮几时兮奈老何？"陶渊明也有诗句："玄鬓早已白。"司马光劝诫人们说："我劝你们趁早努力修行有所作为，不要等到将来后悔。"人生短暂，在这短暂的人生中，我们应该珍惜属于自己的短暂时间，努力有一番作为。

巴尔扎克原本是个学法律的律师，但是，有一天他突然向家里宣布想当一个作家。他的父母坚决反对，还联合了他们所有的亲戚朋友来反对他。尤其是他的母亲，坚决认为巴尔扎克的写作给家庭带来了耻辱。在长时间的激烈争论后，他们这个家庭达成了小资产阶级独特的折衷——巴尔扎克可以走他的路，但这条路怎么走完全是他自己的事。父母在未来两年内向他未经证实的能力付一点补贴，倘若两年期满他未能如愿，那就请他毫不迟疑地回到律师事务所中去。

经过周密的计算，按最低生活标准，巴尔扎克的父母同意每月提供120法郎即一天4法郎，作为他们儿子在未来跋涉中的生活费。

巴尔扎克非常珍惜自己的每一天，几十本书被从图书馆中借了出来，放在案头研读。巴尔扎克有生以来头一次给自己规定了一件固定的工作，没有任何事物可以阻止他。他经常三四天不离开屋子，没日没夜地在案头笔耕。偶尔出门的话，那也只是给他疲劳过度的神经补充一点刺激——买咖啡、面包和水果。他一连好几天在床上写作，只是为了可以节省时间。整个创作季节里，公园、游乐场、饭馆和咖啡馆都离他很远。

两年后，巴尔扎克终于凭借自己的本事拿到了第一笔稿费，并从此一发而不可收，成为法国历史上最伟大的批判现实主义作家。

时间是平凡而常见的，它从早到晚都在一分一秒地运行，无声无息；而时间又是宝贵的，是每个人生命中最宝贵的东西。若让今天的时间白白流逝，就等于毁掉了人生中重要的一页。因此，我们必须珍惜时间如同珍惜生命。

对于时间的重要性，古人有曰："一寸光阴、一寸金，寸金难买寸光阴"，汉乐府《长歌行》一诗中也提到过"少壮不努力，老大徒伤悲"。德国诗人歌德把时间看成是自己的财产。鲁迅先生对时间的认识更深刻，他说："时间就是生命。无端地空耗别人的时间，其实无异于谋财害命。"法拉第中年以后，为了节省时间，把整个身心都用在科学研究上，严格控制自己，拒绝参加一切与科学无关的活动，甚至辞去皇家学院主席的职务。居里夫人为了不使来访者拖延拜访的时间，会客室里从来不放座椅。76岁的爱因斯坦病倒了，有位老朋友问他想要什么东西，他说，我只希望还有若干小时的时间，让我把一些稿子整理好。

曾听到过这样一个笑话：一个公司人员向老板请假，老板对他说，一年365天，52个双休日，减去104天，还剩261天，你每天还有16个小时不在工作岗位上，减去170天，还剩91天，你每天用30分钟喝咖啡，用掉23天，还剩68天，你每天吃饭用1小时，用去46天，还剩22天，你通常每年向公司请2天病假，只剩20天，每年还有4个节假日，不上班，再减去4天，剩下14天，公司每年慷慨地给你放13天公假，这样算下来，你的工作时间只剩下1天了，而你还要请这1天假，你说得过去吗？

读完这则笑话，你或许会哈哈大笑，然而大笑之后呢？难道你没有一丝寒意袭人的感觉吗？虽然这位老板计算时间的方法不一定准确，但是他足以告诉我们要珍惜时间，不要虚度年华。记住作家陈忠实先生曾说过：无论往后生命历程中遇到怎样的挫折、怎样的委屈，不要动摇，不必辩解，走你自己的路吧！因为任何动摇，包括辩解，都会耗费心力、耗费时间、耗费生命，不要耽搁自己的行程。

因此，我们一定要记住时间的重要性，在学习、工作和生活中，重视时间，珍惜时间，在每一个极短的时间单位里，让时间发挥出无穷的威力，就像珍惜生命一样珍惜时间，把我们的一生铸造得更辉煌、更有意义。

当机立断抓住机遇

【原典】

时至则为，过则去。

——《管子·国难》

【古句新解】

时机到了就要有所作为，否则时机一过就再也没有机会了。

自我品评

管子主张，凡事应该当机立断。机不可失，时不再来。在机会到来的时候，要及时把握住，不然机会一失去，再想寻找机会就不太可能了。

电脑奇才王安博士，认为影响他一生的最大教训，发生在他六岁之时。

有一天，王安外出玩耍。路经一棵大树下的时候，突然有什么东西掉在他前面。他仔细一看，原来是个鸟巢，里面还有几只小鸟，便准备带回家。

王安回到家，走到门口时突然想起妈妈不允许在家养小动物。于是，他把小鸟放在门后，急忙走进屋内，请求妈妈允许。

第二章 敬守勿失
——管子原来这样说做事之道

在他的苦苦哀求下,妈妈破例答应了儿子的请求。王安兴奋地跑到门后,不料,小鸟已经不见了。一只大黑猫正在那里意犹未尽地擦拭着嘴巴。王安为此伤心了好久。

通过这件事,王安得到了一个很大的教训:只要是自己认为对的事情,绝不可优柔寡断,必须马上付诸行动。不能做决定的人,固然没有做错事的机会,但也失去了成功的机遇。很多时候,机会成本远远大于错误成本。宁可做错,不可不做。

管子提醒我们,做任何事情,只要认为是对的,一定要立刻去做,绝不拖泥带水。这样就远离了优柔寡断,具备了当机立断的好习惯。

在山间丛林中,一只老虎前来觅食。茂密的松林遮蔽了老虎的视线,它不知道此时猎人布置的陷阱就在附近。这时,老虎看到前方似乎有猎物出现,于是奋力追赶,忽然老虎的脚掌被一个铁圈套住了。老虎想挣脱束缚,但是铁圈把它牢牢地固定在了原地。这时,手拿猎枪的猎人出现了,他一步步向老虎逼近,老虎似乎感觉到了死亡的预兆。看着就要端起猎枪的猎人,老虎不再犹豫,它用尽全身的力气,猛地挣脱了铁圈。但是,老虎的脚掌却留在了铁圈上。老虎忍痛离开了这个危机四伏的危险地带。

老虎断了一只脚自然是很痛苦的,但是因此而保存了性命,就是聪明的选择。当你遇到困难的时候,如何反应是一个很重要的问题,当机立断,方能转危为安。

李先生在一家台资企业工作。他的老板是一位学者型商人,不仅拥有众多跨国公司,还是位教授,并且有非常好的商业头脑和很高的学术成就。就冲这一点,李先生进了这家台资企业。由于李先生勤奋、肯动脑筋,老板很快就提拔他做了部门经理,专管家具销售。李先生也一直做得非常出色。

一次,公司进了一套高档家具,标价是20万。可不知为什么,这套家具放了4个月都没有一个人问过。好不容易有一天,一位顾客相中了这套家具，问李先生："18万卖不卖？"

李先生很想把这套4个月无人问津的家具卖出去，可是老板只给了他1万元的浮动权限，偏偏那位顾客也固执，18万元就买，多一分钱都不要。僵持了一段时间之后，李先生想打电话找老板请示一下，可老板去国外出差了，手机也打不通，李先生又不敢擅自做主，这笔生意最终没做成。

两天后，老板从国外回来了，李先生向老板汇报了这件事。老板不悦地说："既然4个月都没有人问，说明这套家具已经没有什么卖点了，应该越早脱手越好，别说18万，就是17万元你也应该卖的。不然，下次恐怕连16万都没有人要了。"

如果该当机立断的时候没有当机立断，不但会错过渡过危机的最佳时机，而且会造成更大的损失。所以在处理问题时，要当机立断，控制事态的发展。任何犹豫不决、等待观望的行为都将使问题变得更大，更难处理。

世间最可悲的就是那些优柔寡断的人。他们对待任何事都是举棋不定，犹豫不决。他们一生会有很多机会，但却由于性格的缺陷而错失良机。这样的人既不相信自己，也不会为他人所信赖，更不会为他人所重用，他们总与成功无缘。

明白了这个道理，我们就应该去克服它。最好的方法就是要像成功者那样，勇敢、果断，对人生充满自信。你可以从以下几个方面去练习一种敏捷而有决断力的本事。

（1）要对自己充满自信、勇于承担责任。

（2）培养独立思考的习惯，不要过于担心别人的想法。

（3）不要一味追求完美。

（4）停止收集过多的信息。

（5）遇事要冷静，思维清晰，才能迅速做出决定。

（6）做出决定后，要马上行动。

机会来了就应当当机立断立即抓住，不要左思右想，犹豫不决。方案一经决定，就马上行动，否则就会错过最佳解决时机。

优柔寡断是当机立断的大敌。做事情切忌优柔寡断，而要当机立断。如果一个人做事情始终不断迟疑，那么到最后他将什么事也做不好。

时刻不要松懈自己

【原典】

无成贵其有成也，有成贵其无成也。

——《管子·白心》

【古句新解】

无成就者固然重视成就，有成就者更应重视尚无成就的本色。

自我品评

成功是件好事，但在这里，管子提醒我们成功后必须谨防松懈。

一个人在功成名就之后，往往沉浸在成功的喜悦中，容易不思进取、止步不前，那么他的成功就会像转瞬即逝的流星，虽然灿烂，却很短暂；一个人在功成名就之后，也容易骄狂起来，不再约束自己，并自以为从此天下太平，就放松了警惕，那么刚一开始出现的问题会被掩盖起来，最后积少成多，积小成大，乱子就来了。

所以，管子说："无成就者固然重视成就，有成就者更应重视尚无成就的本色。"管子在此告诫我们，要居安思危，万事不可能一劳永逸。也就是说，功成名就之后，要约束自己，要保持一颗平常心。功成名就之后，不可忘乎所以，仍要小心谨慎，时时提防。只有如此，成功才是一件好事。

1968年，瑞士占据了全世界手表市场65%的份额，独享世界手表市场80%以上的利润。然而在今天，日本却在世界手表业中占据着统治地位。为什么瑞士这样快就被日本摧垮了呢？

原来，是瑞士人的成功导致了瑞士人的失败。

1967年，当瑞士研究人员提出他们的发明——石英表时，遭到了瑞士本土众多厂商的嘲笑和拒绝：这种新型手表上没有任何滚珠，没有任何齿轮，没有任何发条，这样的东西怎么可能配得上被称为"手表"呢？

当时瑞士的众多手表制造商对他们"昨天"的手表是那么的自信，甚至根本就没对这种新技术加以保护。

后来当瑞士的科研人员在手表博览会上展出这种手表时，一个名叫精工的日本人从石英手表展台前走过，看了几眼，回去后很快批量生产推向市场。由于石英表物美价廉，所以很快就风靡全球。

历史就这样被日本商人改写了。

瑞士商人正是由于不思进取、盲目自大而失去了成功的机会。想一想这个教训，我们需要时刻警醒自己：昨日的已经过去，千万别被昨日的成功挡住了自己的视线。昨日是作废的支票，只有今日才是法定的货币。并且，只有在今天才具有流通的价值。过分沉湎于昨天，只能是将今天也失去。

劳合·乔治是英国前首相，他一直都有一个随手关住身后的门的习惯。

一天，乔治和朋友散步，经过每一扇门，他都随手把门关上。"你没有必要把这些门关上。"朋友说。乔治说："当然有必要，我这一生都在关我身后的门。你知道，这是每个人都必须做的事。当你关门的同时，也把过去的一切全部留在了后面。然后，你就又可以重新开始了。"

听完乔治的话以后，他的朋友陷入了深思中。

也正是这种精神让乔治一步一步走向了成功，最后登上了英国首相的位置。

含义多么深刻的一句话啊："我这一生都在关我身后的门"。一个一直沉浸在过去回忆中的人又能看到什么呢？或许看到的是清清白白的少年时光，叛逆无畏令人炫目的美丽，看到了被尘封的温暖与荒凉，还有稍纵即逝的激情、狂想。右手倒影，左手年华，中间是岁月流逝。

今天是胜利者，但没有人保证明天还能赢得胜利。只会沉浸在过去的人，会对未来失去希望，从而裹足不前。明智的人懂得时时保持谨慎，警觉到明天可能出现的不利因素。

因此，成功之后切忌沾沾自喜。因为成绩只能说明过去，现在一切应从零开始。再者，成功只是相对而言，世界上没有绝对的成功、永远的成功。所以，智者说：我们要从胜利走向胜利。其实，从胜利走向胜利，就是要告别过去，一切从零开始。

重新开始，即使你已经有了成功的经验，但你仍要量力而行，有节有制；在决定胜负的那一瞬间，仍要把握时机，断然前行；在成功之后，仍要小心谨慎，不要让胜利蒙住了双眼。

事皆有度，不可过之

【原典】

过与不及也，皆非正也。

——《管子·法法》

【古句新解】

超过与达不到，都不正确。

自我品评

管子在此提醒我们无论做什么事都要讲究分寸、适度。这里的"正"，就是对事物发展程度的把握。如果把握不好这个度，使事物的发展超过或达不到这个度，就会给事物带来损害。

《登徒子好色赋》中这样形容一个人的美貌："东家之子，增之一分则太长，减之一分则太短；着粉则太白，施朱则太赤。"东家之子长得恰到好处，任何的修饰与改变都可能造成过或不及的效果。东家之子对美这个"度"的把握的确到了绝妙的境界。

度，历来为先贤圣人所重视，并逐渐成为中国传统文化的精髓。适度即合适、恰当，交谈时能令说者畅快愉悦，听者入胜而不厌；遭受挫折时，不迁怒于人，又不心灰意冷；春风得意时，既不自满忘形，

又不故作自谦,这些都是把握度的表现。凡事都有一个度,如果把握不好,超过或达不到这个度,都会给事物带来损害。

俗话说:"礼多人不怪",许多人奉之为处世金律,待人总是一副笑脸,客气有加。有的职场新人,更是对这句话的正确性深信不疑。

公司里有位刚刚毕业不久的年轻人,对老板和同事十分热情,每次见面都抢先打招呼,出去吃饭老争着付账,从不吝惜自己赞美的言辞,还经常给大家散发一点小礼物,结果弄得同事都很不自在。

过了一段时间,老板把他叫去,问:"你是不是对现在的位置有什么想法?"

他很郁闷。为什么我待人多一点礼貌,反而会被认为是想升职呢?

这就是过犹不及的道理。做过分了,就跟做不到位是一样,甚至有时候还不如做不到位呢。

过和不及是无度、失度的主要表现,是事物的两种极端化倾向,或者说两种错误倾向,这都是不可取的。譬如说,为人之道既不可好高骛远,也不应自暴自弃;既要追求理想,又须面对现实。为政过严或太宽都不好,"宽猛相济,政是以和"。凡事应有度,抑其过,引其不及。

赵太后新执政,秦国便加紧进攻赵国。赵向齐求援。

齐国回话说:"一定要以长安君作为人质,军队才能派出来。"太后不答应,大臣们竭力劝谏。太后明确地对大臣们宣布:"有再说让长安君做人质的,我定不饶他!"

左师触龙拜见太后。左师说:"我那儿子舒祺,年纪最小,没什么出息,可我年纪大了,内心总疼爱他,希望您让他充当一名卫士,来保卫王宫。我冒着死罪向您禀告这件事。"

太后说:"好啊,年纪多大啦?"

触龙回答说:"15岁啦。虽说还小,我希望趁自己还没有死,便把他托付给您。"

太后问:"男人们都疼爱他们的小儿子吗?"

触龙回答说:"比女人还要疼爱。"

太后说:"女人爱得特别厉害啊。"

触龙回答说:"我私下认为您爱燕后,超过了爱长安君。"

太后说:"你错了!我爱燕后远远比不上爱长安君。"

触龙说:"父母爱子女,就要为他们做长远打算。您送燕后出嫁的时候,紧跟在她身后哭泣,想起她远嫁异国就伤心,也确实够悲哀的了。她走了以后,您一直很想念她呀,祭祀时一定要为她祈祷。说:'一定不要她回来。'这难道不是为她考虑,希望她的子孙相继当王吗?"

太后说:"是啊!"

触龙问:"从现在算起,三世以前一直上推到赵氏建立赵国的时候,赵王子孙封了侯的,还有继续存在的吗?"

太后说:"没有。"

触龙说:"不单是赵国,各诸侯国内还有继续存在的吗?"

太后说:"我没有听说过。"

触龙说:"这就是说他们之中近则自身便遭了祸,远则祸患便落到他们子孙身上了。难道说君王的子孙就一定不好吗?不是。只不过由于他们地位很高却没有什么功勋,俸禄很丰厚却没有什么劳绩,却拥有很多贵重的东西罢了。如今您尊显长安君的地位,封给他富庶的土地,赐给他很多贵重的东西,却不趁着现在让他为国立功,一旦太后您百年之后,长安君凭什么在赵国安身呢?老臣认为您替长安君打算得太短浅了,所以说您对他的爱不如对燕后的爱深。"

太后说:"好吧,任凭你怎么调派他吧!"

于是,左师触龙给长安君准备了几百辆车子,让他到齐国去做人质。齐国援兵很快就派出来了。

世上最伟大的爱,莫过于父母对子女的爱。也许正因为此,无私付出的父母们总是陷于对子女的溺爱而浑然不知。溺爱,即是爱之过度。赵太后这种过度溺爱对长安君的成长来说,非但无益,反而有害。

这也说明了凡事有度，过犹不及的道理。

　　凡事有度，过犹不及。人生的许多事情都是如此，不论是生活还是工作，都应适当有度，超过了度的界限，事情就会变化，或者变质：交往中过分的热情与冷漠一样会使人感到不舒服；传播中过分的渲染与毫不声张一样会无甚收获；教育中过分的严格与放任自流一样会使孩子叛逆迷失；管理中过分的民主与个人专制一样会没有进步……待人不卑不亢，接物不偏不倚，处世不慌不忙……过犹不及，所以欣赏宠辱不惊的态度，所以追求安宁的感觉。过犹不及，所以相信，愿意付出的和能够拥有的就在天平两端，不过分追求，不随意放弃……

　　总之，人生犹如熬一锅汤，要想把汤熬得香美，就必须掌握好佐料的量，加多少盐，加多少味精，加多少香料……这个量即是度。只有把握好了度，多一分则溢，少一分则亏，凡事做到恰如其分，才能把人生这锅汤熬得香甜美味。

入乡随俗，保持开放的头脑

【原典】

随时而变，因俗而动。

——《管子·正世》

【古句新解】

随着形势的发展而变化，依据不同的风俗而行动。

自我品评

管子的话语中，包含着"入乡随俗"的思想。"入乡随俗"也就是要学会变通，保持一个开放的头脑，不可一条道跑到黑。由此可见，"入乡随俗"是处世的基本原则之一，更是做事成功的秘诀。

传说从前有兄弟二人，各自办了货物到裸国去做生意。

弟弟说："生活富足的人自然衣食无忧，而穷人只有露其体肤了。现在去裸国，那里没有佛，没有信徒僧众，没有法律，可以说是到了无人管制的地方。因此我们到那里，想要迎合他们可以说是很难的。我们不如入乡随俗，言行随他们的礼仪，谦虚耐心，想来这才是明智的做法。"

哥哥说："礼仪不可丢，德行不能失，怎么能够像他们那样光着身子来毁坏我们的形象呢?"

弟弟说:"只要内里是金,表面是铜,因时因地而去掉礼仪,虽刚开始会被人嘲笑,但到后来却还是会让人叹服的,审时度势很重要啊!"然后就准备去裸国。

哥哥说:"不如先派人去看看情形,听他们怎么说。"

弟弟回答:"好的。"

只有一天工夫,被派去的人就返回告诉哥哥说:"必须要遵守他们的礼仪。"

哥哥大怒道:"让人脱光了像畜生一样,这哪里是君子所为呢?弟弟可以这样做,我可不这样做。"

这个国家的风俗是每月十五举行夜市。弟弟用麻油涂面,白土画在身上,戴上骨头做的项链。当男男女女们相互拉着手,载歌载舞时,弟弟也随着跳,该国人们都很欣赏叹服。这样一来,该国上下的人都对他恭恭敬敬,如上宾一样。国王也拿出十倍的钱换他的货物。

哥哥则乘车进入裸国,他对人们宣扬礼法,没有"随俗而动",使得该国上下对他心生厌恶,于是便抢走了他的财物,还用棍棒打他。直到弟弟为他求情才放过他,让他回归本国。回国时,送弟弟的人挤满了道路,骂哥哥的声音嘈杂刺耳。

变则通,通则久。只有聪明的人才知道入乡随俗,随遇而安,愚蠢的人只会墨守成规,而一事无成。

有两个探险家在林中狩猎时,一头凶猛的狮子突然蹿到他们面前。

"保持镇静,"第一个探险家悄悄地说,"你还记得我们看过的那本关于野外生存的书吗?那书上说,如果你非常冷静地站着别动,两眼紧盯着狮子的眼睛,那它就会转身跑开的。"

"书上是那么写的,"他的同伴说,"你看过这本书,我也看过,可这头狮子看过吗?"于是第二个探险家拔腿就跑,最终逃离了魔掌,而第一个探险家却站着不动,准备与狮子对视的时候,狮子扑上来把他撕成了碎片。

遇到危险情况，保持冷静是必要的，但是也不能盲目冷静，书上说狮子不咬人，难道现实中它就真的不咬人了吗？谁也没有实践过，与其用生命做代价来检验"真理"，不如趁机赶快逃命。生硬的理论，不一定处处能够适应时刻变化的现实。学会应变，学会变通，切不可形而上学，拘泥于一时一事。

在如今信息无限宽广的数字化时代，没有一个开放的头脑，很快你就会被时代甩得远远的。逆水行舟，不进则退。在时代的激流里面，如果你不能紧随时代的步伐，渐渐地就会迷失方向，走进困惑。

不要让自己的头脑封闭起来，积极地接收和学习新的知识和理论。只有融会贯通，使为己用，才能够在通往成功的路途上，避免崎岖和坎坷。当你有了一个明确的目标，并在实现它的过程中开放头脑，善于学习，并能够灵活机动地行事，你就能取得最大的成功。

心理学家认为，你在生活中的自由程度是由你可以选择的行动方案的数量所决定的。而你头脑开放的程度又决定着你能够想出的思路和方案数量。开放你的头脑，思路就会变得宽阔。

人生在世，一旦形成了习惯的思维定式，就会习惯地顺着固有思维来思考问题，不愿也不会转个方向、换个角度想问题。因此，无论我们遇到什么困难，处于什么环境都应该学会变通，而不要被最初始的思想所左右。如果我们能够挣脱固有思维的约束，不断开创出新的处事方法，那么对于我们来说，天下就没有解决不了的问题，就没办不到的事情了。

勤奋是事业成功的关键

【原典】

怠倦者不及，无广者疑神。

——《管子·形势》

【古句新解】

懒惰的人总是落后，勤奋的人总是办事神速有效。

自我品评

管子向来鄙视懒惰，他认为任何一种杰出的成就都与好逸恶劳的懒惰品性无缘，个人奋发向上的辛勤实干才是取得成功所必须具备的精神品质。

懒惰，是一种恶习。人一旦养成懒惰习性，就会精神萎靡，做事提不起兴趣，得过且过。现实生活中，懒惰的人大都没有雄心壮志和负责精神，宁可指望别人来领导和指挥，也不肯自己奋斗，就算有一部分人有着远大的目标，也缺乏行动的勇气。

有一个青年，20岁的时候，因为没有饭吃而饿死了。

阎王从生死簿上查出，这个青年应该有60岁的阳寿，他一生会有一千两黄金的福报，不应该这么年轻就饿死。

第二章 敬守勿失
——管子原来这样说做事之道

阎王心想："会不会是财神把这笔钱贪污掉了呢？"于是把财神叫过来查问。

财神说："我看这个人命里的文才不错，如果写文章一定会发达，所以把一千两黄金交给了文曲星。"

阎王又把文曲星叫来问。

文曲星说："这个人虽然有文才，但是生性好动，恐怕不能在文章上发展，我看他武略也不错，如果走武行会较有前途，就把一千两黄金交给了武曲星。"

阎王再把武曲星叫来问。

武曲星说："这个人虽然文才武略都不错，却非常懒惰，我怕不论从文从武都不容易送给他一千两黄金，只好把黄金交给了土地公。"

阎王再把土地公叫来问。

土地公说："这个人实在太懒了，我怕他拿不到黄金，所以把黄金埋在他父亲从前耕种的田地里，从家门口出来，如果他肯挖一锄头就挖到黄金了。可惜，他的父亲死后，他从来没有动过锄头，就那样活活饿死了。"

最后，阎王判了"活该"，然后把一千两黄金缴库。

真正的幸福绝不会光顾那些精神麻木、四肢不勤的人，幸福只在辛勤的劳动和晶莹的汗水中。

懒惰的人都有拖延的毛病。对一个渴望成功的人来说，拖延最具破坏性，也是最危险的恶习，它使人丧失进取心。一旦开始遇事推托，就很容易再次拖延，直到变成一种根深蒂固的习惯。习惯性的拖延者通常也是找借口的专家。如果一个人存心拖延逃避，他就能找出成千上万个理由来辩解为什么事情无法完成，而对事情应该完成的理由却想得少之又少。把"事情太难、太费时间"等种种理由合理化，要比相信"只要我更努力、信心更强，就能完成任何事"的念头容易得多。

总之，懒惰是一种腐蚀剂，它会使人碌碌无为，虚度一生。

与懒惰相对的是勤劳。勤劳，是人的优秀品质之一，是通向成功

065

的唯一的捷径。要想远离懒惰，人就必须勤劳。

纵观历史，大凡一切卓有成就的学者和名流、专家，都是在某一领域内，坚持不懈地在事业上倾注了毕生的精力，方能获得精湛的技艺。他们那一朵朵绚丽多彩的成功之花，无不凝聚着辛勤劳动的汗水，他们共同的成功经验，则是刻苦勤奋的结晶。

苏东坡自幼天资聪颖，在父亲的悉心教育和耐心指导下，他逐渐养成了勤学好问的习惯，很有一股子"打破砂锅问到底"的劲头。经过几年的奋发努力，他的学业大有长进。小小年纪，就已经读了许多书，渐渐能出笔成章。父亲的至交好友看了，都赞不绝口，称他是个难得的"神童"，预言他必是文坛的奇才。少年苏东坡在一片赞扬声中，不免有些飘飘然起来。他自以为知识渊博，才智过人，颇有点自傲。

一天，他洋洋自得地取过笔墨和纸，挥毫写下了"识遍天下字，读尽人间书"这样一副对联。他刚把对联贴在门前，有位白发老翁路过他家门口，好奇地近前观看。这位老翁看过，深感这位苏公子也太自不量力，过于自傲了。

过了两天，这位老翁手持一本书，来到苏府面见小东坡，言讲自己才疏学浅，特来向小苏公子求教。苏东坡满不在乎地接过书本，翻开一看，那上面的字竟一个都不认识，顿时脸红了。老翁见状，不露声色地向前挪了几步，恭恭敬敬地说道："请赐教。"一句话激得小东坡脸红一阵、白一阵，心里很不是滋味。

无奈，他只得鼓足勇气，如实告诉老翁他并不认识这些字。这个老翁听了哈哈大笑，捋着白胡子又激他道："苏公子，你不是'识遍天下字，读尽人间书'了吗？怎么会不识此书之字？"言罢，拿过书本，扭头便走。苏东坡望着老翁的背影，思前想后，甚是惭愧。他终于从老翁的话中悟出了真谛，立即提笔来到门前，在那副对联的上下联前各加了两个字，使对联变成为："发奋识遍天下字，立志读尽人间书"。

这次，他冷静地端详了好久、好久，并发誓，要活到老，学到老，永不满足，永不自傲。从此，他手不释卷，朝夕攻读，虚心求教，文学造诣日深，终于成为北宋文学界和书画界的佼佼者，博得了唐宋八大家之一的盛誉。

如果春天没有耕耘的辛劳，那么秋天就不会有收获的喜悦。学习如此，做事亦是如此。要想获得成功，就必须经过艰辛的奋斗。古人云："业精于勤，荒于嬉。"意思是说，学业上的精深造旨，来源于勤奋和刻苦，如果不勤奋，贪玩享乐，那学业就荒废了。我国著名数学家华罗庚说过："勤能补拙是良训，一分辛苦一分才。"勤奋是一种长期的艰苦劳动，它应该成为我们每个人的优良品德和习惯。

在正确的时间做正确的事

【原典】

令有时。无时则必视顺天之所以来，五漫漫，六惛惛，孰知之哉？

——《管子·四时》

【古句新解】

发布政令要讲时节。不讲时节便违反了天道。必须视察天时的由来，才能顺应天时。对日、星、岁、辰、月茫然无知，对阴、阳、春、夏、秋、冬糊里糊涂，怎能了解客观世界？

自我品评

管子在这里提醒我们要在正确的时间做正确的事。即是说，做事应考虑结果，即使是做好事，也要选择正确的时机。

管子在《四时》中说，不了解四时，就将失去立国的根本；不知五谷的生长规律，国家就会衰败。

管子认为，东方为星，它的时令是春。它的气是风，风生木和骨。它的德性是喜欢生长，于是万物按时节而生。这个季节应该做的事情便是：发布政令，修理、清扫神位，修治堤防，耕田植树，修筑桥梁渡口，疏通渠道，整修屋顶以便行水，解仇怨，赦罪人，修睦四

第二章 敬守勿失
——管子原来这样说做事之道

方邻国。这样和风甘雨就会到来。而如果在春天实行冬天的政令，就将草木凋零；实行秋天的政令，就将出现霜冻；实行夏天的政令，就会出现旱热。

除春季外，管子还对夏、秋、冬各季统治者应实行的政令进行了详细的论述。管子这种应时而动、顺应天道的主张在古时得到了普遍的认同，《老子》、《孟子》、《庄子》、《荀子》等都有相关的论述。管子关于四季应时而动、应时而变的论述告诉我们，做事要顺其自然，把握正确的时机，而不可逆时而动。

成功者之所以成功，就在于其对时势、机遇的把握。无机会时顺应大局，依势而为；有机会时迅速出击，"不飞则已，一飞冲天"。

公元前210年，秦始皇病死，秦始皇的小儿子胡亥即位，这就是秦二世。

秦二世是个昏庸残暴的皇帝。在他的统治下，百姓的徭役赋税负担更为沉重，刑罚愈加苛毒。广大劳动人民在饥饿与死亡线上挣扎。公元前209年，秦二世下令征发淮河流域的900名贫苦农民去戍守渔阳。

雇农出身的陈胜和贫农出身的吴广被指定为屯长。当他们走到蕲县大泽乡的时候，连绵的阴雨把他们阻滞在这里，不能如期赶到渔阳戍地。按照秦法规定，误了期限就要全部被处死。

押送他们的两个军尉非常凶暴，陈胜和吴广就借机把军尉杀掉，接着对大家说："各位遇到大雨，都已误期，误期要被处斩。即使不杀我们，而戍边死的也是十之六七。何况壮士不死则已，如果死，就要干出一番轰轰烈烈的事业来！"

他们的话激励了戍卒的斗志。大家推举陈胜为将军，吴广为都尉，提出了"伐无道，诛暴秦"的口号，组成一支农民起义军。中国历史上第一次农民大起义爆发了。

为了扩大影响，他们夜晚在驻地附近神祠中燃篝火，作狐鸣，发出"大楚兴，陈胜王"的呼声，被民间传为神话。陈胜、吴广率领农民起义军，占领大泽乡、攻下蕲县，很快攻占了五六个县城。起义军所到之处，贫苦农民纷纷响应。陈胜、吴广领导的起义军攻占陈县后，建立了"张楚"政权，陈胜为王。这就是中国历史上第一个农民革命政权。

起义军乘胜前进，分三路攻秦。这时起义军已发展壮大到几十万人，有兵车千辆。起义军的一路人马由周文率领很快进抵关中的戏地，逼近咸阳。起义军的另一路人马由武臣率领占领了旧赵都城邯郸后，武臣在混进起义军队伍的旧贵族势力的代表人物张耳、陈余怂恿下自立为赵王。

后来，农民起义军终因实力悬殊，作战经验欠缺，以及内讧等原因而遭致失败。但这支起义军的残余力量后来与项羽、刘邦等人领导的起义军会合，继续同秦军战斗。公元前206年，秦王朝在农民起义军的沉重打击下灭亡了。

陈胜、吴广面对危机，不但顺应时势，挺身而出，而且主动营造有利于自己的时机，终成为历史上第一支农民起义军的领袖。虽然最后失败了，但他们这种顺势而动的果断使他们的英名永载史册。他们在关键时刻对时机的正确把握，至今仍给我们以启迪。

做事要抓住时机，顺应时势，该动则动，该止则止，这样做事常会取得事半功倍的效果。反之，如果按照某种主观愿望来干扰或违背客观规律，则只会适得其反，自取其败。

1947年的冬天，在密歇根州的卡索波里斯，洛厄正帮着他的父亲做木屑生意。这时候有一位邻居跑进来，想向他们要一些木屑，因为她的猫房里的沙土给冻住了，她想换一些木屑铺上去。当时，年轻的洛厄就从一只旧箱子里拿出一袋风干了的黏土颗粒，建议她试试这玩意儿。因为这种材料的吸附能力特别强，当年他父亲卖木屑的时候，就是采用这种材料清除油渍的。这样一来，那位邻居的燃眉之急就给解决了。

几天以后，这位邻居又来了，她想再要一些这样的黏土颗粒。这时洛厄灵光闪动，突然意识到自己的机会来了。他马上又弄了一些黏土颗粒，分5磅一装，总共装了10袋。他把自己的新产品命名为"猫房铺"，打算以每份65美分的价格卖出去。大家知道后都笑话他。

但出人意料的是，洛厄的10袋黏土竟然很快就卖完了。而且，当这10个用户再次找上门来，指名道姓要买"猫房铺"的时候，洛厄笑了。一丝灵感、一笔生意、一个品牌、一种使命，就这样诞生了。

更让人想不到的是，洛厄采用黏土颗粒做猫房铺，反倒促使这些小动物变成更受人欢迎的宠物了。当然，洛厄也因此而变得富有起来。仅仅在1995年洛厄去世前的两三年间，"猫房铺"的销售额就达到了两亿美元。也许可以说，正是洛厄的发明所带来的生存条件的改善，最终使猫取代狗成为在美国最受欢迎的宠物。

人们常说：当上帝在为你关闭一扇门的同时，也在为你打开另一扇门。世界首富比尔·盖茨、股神巴菲特、科学奇才霍金、阿里巴巴总裁马云、美容大师郑明明、不向命运低头的海伦·凯勒……这些人留给我们的都是他们生命中最璀璨的部分，但是在他们辉煌的背后更值得我们思考的是：同样的条件，为什么只有他们能创造奇迹。那是因为他们善于思考，他们能够顺应时势，在正确的时间里做了正确的事，所以他们改变了命运，改变了一切。

做事如此，为人处世亦是如此。与人共处于世，对不同的人要采取不同的方法，要顺应时势，按照实际情况灵活应变。这样才能明智审慎，使自己成为社交场上最精明的操控者。把握时机，顺应时势，是最为实用的处世艺术，更是真正的处世智谋。

事前谋虑，事后不可懈怠

【原典】

生于虑，成于务，失于傲。

——《管子·乘马》

【古句新解】

事情的最初打算产生于精心的谋划，事情的成功取决于艰苦的努力，事情的最后失败往往是因为骄傲自大。

自我品评

创业难，守业更难，很多人创业之时往往兢兢业业，但要克服成功与胜利之后的骄傲情绪却不是一件容易的事。"战战兢兢，如履薄冰"，成功之后仍然要如履薄冰，才能够使自己立于不败之地。

李存勖是唐朝后期河东节度使晋王李克用的儿子。李克用死的时候，李存勖还很年轻。当时周围强敌林立，灭唐称帝的朱全忠、割据幽州的刘仁恭都是李克用生前的仇敌，北方的少数民族契丹也对他们虎视眈眈。面对这种严峻的局面，刚刚继承父亲职位的李存勖深知自己责任重大。

为了争夺天下，实现父亲的遗愿，李存勖决定首先训练一支具有

第二章 敬守勿失
——管子原来这样说做事之道

顽强战斗力的军队。他给军队定了三条法规：第一，出兵作战的时候，骑兵不见敌人不许骑马；步兵和骑兵要按照各自的位置进行攻战，碰到危险也不许躲避。第二，各部队分路并进，必须在规定的时间到达指定的地方会合，不许违反。第三，行军路上，如果有敢于称病的，立刻斩首。有了这样严明的军法，将士们打起仗来都能够拼死向前，以一当十，军队的战斗力大大增强。李存勖自己勇力过人，武艺高强，一向把打仗当做游戏。作战的时候，他根本不顾自己统帅的身份，常常冲在最前面，冒险和敌人单身搏斗。有时候遭到敌人的包围，部将们拼死把他救出来，他也毫不在乎，只是说"险些给别人笑话"，以后仍然这样做。李存勖作战如此勇敢、身先士卒，因此深受将士们的拥戴，大家都乐意为他效力。

有了一支具有顽强战斗力的军队，李存勖开始南征北战。他出兵和梁太祖朱全忠打仗，经过几次战斗，把五十万梁军打得大败，朱全忠又羞又恼，一病不起，后来被他的儿子杀掉。然后李存勖又发兵攻打幽州，攻破了幽州城，活捉了刘守光、刘仁恭父子，把他们押回晋阳（今山西太原）杀了。以后李存勖又打败了南进的契丹部队，把他们赶回到北边去。接着，他又跟朱全忠的儿子打仗，在后唐同光元年（923年）将后梁灭掉。这样，经过多年的艰苦努力，李存勖终于统一了北方，即位称帝。

李存勖统一了北方，当上了皇帝，认为天下已定，大功告成，就开始骄傲起来。成功的喜悦冲昏了他的头脑，他认为自己是天下第一英雄，没有一个人能够比得上他，于是就开始腐化享乐起来，从前的勇猛劲一下子全都没有了。

李存勖特别喜欢演戏和打猎。当了皇帝以后，他就在皇宫中养了很多伶人，专门演戏给他取乐。李存勖不光喜欢看戏，还特别喜欢演戏。他自己经常穿着戏装，和伶人一起登台演出。李存勖整天和伶人们混在一块，把国家大事、百姓疾苦，全都抛到一边不闻不问。由于李存勖宠爱伶人，伶人们开始胆大妄为起来。他们可以随便出入宫廷，

任意侮辱大臣，甚至跟李存勖打打闹闹，不把他当做皇帝。有一次，一个伶人打了他两个耳光，他也不生气。最受宠爱的伶人景进，为了讨好李存勖，专门打探宫外的消息，回来说给李存勖听。李存勖特别爱听那些乱七八糟的事情。谁要是得罪了景进，景进就无中生有，添油加醋地在李存勖面前说这个人的坏话，叫这个人倒霉。所以人们见了景进，没有不害怕的。一些大臣和藩镇争着向景进送贿赂。只要他在李存勖面前替某人说几句好话，这个人就会官运亨通，步步高升。李存勖还不顾大臣的反对，任命伶人去当刺史，那些真正有才能的文臣和有功劳的武将，反而得不到提拔重用。

李存勖当了皇帝以后，经常外出打猎。每次打猎，他都要带上一大批将士、随从和伶人。这些人牵黄擎苍，前呼后拥，所到之处，践踏庄稼，鸡犬不宁，老百姓敢怒不敢言。一次，李存勖又带着大队人马到中牟县打猎。士兵们狂奔乱跑，驱赶猎犬，追逐野兽，踩坏了一大片庄稼。中牟县令实在看不下去，忍不住上前对李存勖说："陛下贪图一时的痛快，让士兵们任意践踏庄稼，老百姓收不到粮食，将来只有挨饿。皇上好比百姓的父母，怎么可以这样做呢？"李存勖听了大为恼火，一个小小的县令，竟敢当众侮辱天子，于是下令将县令斩首。好在有别人的劝解，这个县令才免于一死。

李存勖生活腐化，经常叫人出去掠夺民间女子，不问什么人，见到美女就抢，抢回来供他淫乐。为了满足自己腐化生活的需要，李存勖还把唐朝末年遣散的宦官召集起来，进宫听他使唤。他优待宦官，把宦官当做心腹，听从他们的坏点子，将国家的财富分为"外府"和"内府"。内府的财富专门供李存勖私人开支和赏赐之用。

在腐化的享乐生活中，李存勖完全忘记了当年打天下时的艰苦，完全忘记了为他出生入死、浴血奋战的将士们。他自己生活花天酒地，给他卖命打天下的士兵们却吃不饱穿不暖；他将大量的钱财赏赐给宦官和伶人，却大肆迫害过去的功臣。因此李存勖只当了四年皇帝就闹得众叛亲离，后来几个人起来作乱，李存勖在叛乱中被乱箭射死，而后唐国势也迅速衰落，很快就灭亡了。

李存勖刚刚继承父亲职位的时候，周围敌人虎视眈眈，要想生存都十分困难，但他一点也不畏惧，带领他的部队出生入死、浴血奋战，经过艰苦的努力，终于统一了北方。当各路强敌纷纷败在他的手下以后，他就骄傲起来，认为天下再也无人敢和他对抗了，于是就放松警惕，不思进取，整天沉溺于享乐之中。结果，他的部下起来作乱，他都对付不了，被乱箭射死。"生于虑，成于务，失于傲"，历史总是惊人的相似，道理谁都懂，但很多人却总免不了犯同样的错误。

第三章 正法直度
——管子原来这样说法治之道

　　管子最早提出了以法治国的思想，管子认为人性本恶，要想让国家安定长治久安，必须立法治之。管子认为：法制要以民意和以对民众有利为适度点，但是执法要有作为，即"法胜"原则。"为人君者，莫贵于胜，所谓胜者，法立令行之谓胜，法立令行，故群臣奉法守职，百官有常，法不繁匿"。管仲强调"法胜"的原则，是管仲法制理论的精髓。

法治是治国之本

【原典】

先王之治国也，使法择人，不自举也。使法量功，不自度也。故能而不可蔽，败而不可饰也。誉者不能进，而诽者不能退也。然则君臣之间明别，明别则易治也。主虽不身下为，而守法为之可也。

——《管子·明法》

【古句新解】

先王治国，会根据法度去选择人才，而不靠自我印象。依据法度计量功劳，而不靠自我印象裁定。所以能者不会被埋没，败者也不能掩饰。无才的人即使有人赞誉也不能提升，有功的人即使遭到诽谤也不会被罢免。这样君与臣的界限分明，贤与不肖界限分明就容易治理了。君主并不用凡事都躬亲下为，只需按法度办事就完全可以了。

自我品评

管子认为人性本恶，所以，他认为要治理好国家必须依靠法度的实行。依法度行事才能树立起君王的威严。法治是治国之本，更是治民之本。

翻开历史的画卷，我们可以看到，古往今来，各朝各代的文武百官之所以能为君王卖命，无非是欲做栋梁之臣，得到君王的赏识。而一旦君王昏庸不辨是非真伪，脱离法度来以虚名晋爵，那么，谁还能够一心为君王承担国事呢。"上有所好，下必行焉"，君王没有君王的样子，臣子又怎么能够谨守臣子的职责呢？

　　古代君王治国，有的以德服众，有的以礼惠及众人，但不管是"仁治"还是"礼治"，都离不开"法治"，依法度行事不仅能树立君威，更能使国家强盛。

　　柳公绰是唐宪宗时期的京兆尹，他是个刚正不阿的忠义之士。他刚上任之初，就责打了皇帝喜爱的神策小将。宪宗皇帝为此大发雷霆，他把柳公绰找来了臭骂一顿，责怪他为什么不经请示就擅自责打神策小将。

　　柳公绰毫不畏惧地说："皇上因信任臣下才让我担任京兆尹的职位，为了不辜负皇上，我自当先立表率。可臣下刚刚上任，那个小将就轻率冒犯于我，我想这不仅是怠慢臣下，也是轻视陛下的表现啊。他如此目无法纪，理应治罪。臣下只知道打的是不懂礼法之人，不管他是什么官。"

　　宪宗余怒未消，又问道："那你为什么不奏明？"

　　柳公绰答："按我府尹的职权，只该打死他，不该我上奏。"

　　宪宗继续追问："那么依你之见，谁该上奏呢？"

　　柳公绰答："管辖他的部队长官应上奏。若是死在大街上，金吾街使应该禀奏；若是死在巷里，左右巡使应该禀奏。"

　　柳公绰的回答句句在理，竟说得宪宗无言以对，只好宣布散朝。

　　散朝后，宪宗皇帝跟身边的人说："你们要对这位京兆尹小心一点，连我都怕他呢！"

　　治理国家、惩治恶徒都要靠法律，而不能靠领导者的"口"。国家的制度一旦公布，就得事事遵循，只有这样，才能树立起法度的权威和领导者的威信。

　　历史上能够明辨是非的君王也不在少数。除了上述的唐宪宗之外，

第三章 正法直度
——管子原来这样说法治之道

西汉昭帝也可算得上是一代圣贤之君。

霍光和上官桀是西汉昭帝时的两个辅政大臣，上官桀之子上官安骄横跋扈、为非作歹。他整日饮酒作乐，还与后母、侍婢淫乱，并且还整日守在大司马府门口，见霍光出来，便缠住他，央求封自己的好友丁外人为侯，霍光自然是不答应，他又央求委任丁外人为光禄大夫，霍光还是不许。后来，上官桀亲自来请求此事，霍光还是拒绝了。

上官父子由此记恨上了霍光，他们开始盘算着争权夺利，试图把霍光掌权之职取而代之。御史大夫桑弘羊是前朝的权臣，名义上也是辅政大臣，他自认为无论从资历、功劳还是才能上都比霍光强，但他的权势低于霍光，也赶不上上官桀。他曾替其子弟谋官，也遭到了霍光的拒绝，因此，他对霍光也是怀恨在心。

于是，桑弘羊与上官父子自然地勾结起来，他们想携手反对霍光。另外，因自己未被立为太子而一直耿耿于怀的燕王刘旦对辅佐昭帝的霍光也是充满了仇恨，他在上官父子的拉拢下，也加入了反对霍光的联盟。

这样，三方势力各司其"职"，上官桀和桑弘羊暗中收集霍光的过失，然后把材料交给刘旦，刘旦负责上疏参劾霍光，他在奏折中说："霍光出京去长安东的广明亭检阅御林军，道上称跸，太宫供备饮食，僭用天子仪仗。他还任人唯亲，他的长史杨敞无功却当上了搜粟都尉。他还擅自调动校尉。霍光专权已久，臣怀疑他欲图谋不轨。"

皇上接到上疏这天，霍光恰好没有上朝，上官桀和桑弘羊便怂恿昭帝把燕王的奏疏下发百官，以使人人看清霍光的"真面目"。昭帝却自有主张，他把奏疏留了下来，不肯下发。

第二天，霍光听说了燕王参劾自己之事，便躲在一个小屋里，没有去上朝。

昭帝见霍光迟迟没有来，心里有些着急。上官桀趁机走上前去说："大将军听说燕王揭发他的罪行，躲起来不敢出来了。"

昭帝令霍光入朝。霍光只得前来，免冠顿首。昭帝却笑着说：

081

"请大将军戴上冠，朕知道燕王奏疏有诈，大将军无罪。"

霍光赶忙谢恩，他不解地问昭帝："皇上怎么知道奏疏有诈呢？"

昭帝严肃地说："大将军去广明亭检阅御林军，广明亭近在咫尺，何需准备饮食？调动校尉一事不出十日，身在外地的燕王怎能得知？再者，若大将军真想图谋不轨的话，也不在乎多一个少一个校尉啊。"

接着，昭帝下令捉拿燕王遣来上疏的使者，上官桀和桑弘羊怕事情败露，赶忙对昭帝说："此等小事皇上还是不要追究了。"昭帝假装没有听见。上官桀等人仍不死心，他们又指使别人参劾霍光，昭帝不禁大怒道："大将军忠心耿耿，先帝遗命他辅佐朕，朕对他的为人很了解，谁再敢诋毁他，朕就治谁的罪！"

上官桀等人还是不甘心失败，他们决定铤而走险。他们让鄂邑长公主出面请霍光喝酒，在暗处埋伏兵马试图杀掉霍光，然后再除掉燕王，废除昭帝，拥立上官桀为帝。

不料，他们的阴谋被稻田使者燕仓知道了，燕仓密报给大司农杨敞，杨敞转告了谏议大夫杜延年，杜延年又奏告昭帝和霍光。昭帝遂令霍光发兵擒杀了上官父子、桑弘羊，随后迫令鄂邑长公主和燕王自杀。

这场政变被成功粉碎，朝廷秩序又恢复了平静。此后，军事大权昭帝仍委任给霍光掌管。霍光虽大权在握但绝不专权跋扈，君臣相处得很好。而在用人、处事上能够察奸识伪，也足以体现出昭帝的英明。

分辨是非者明，依法行事者威。身为领导者只有分清善恶忠奸，才能使身边有一个正义开明的风气，如此一来，小人就没有了立足之地。没有了小人制造混乱且法制严明的国家，怎么会不强大呢？因此，明辨是非、依法度行事才是治国之本。

唯法纪严明才能正君威

【原典】

上舍公法而听私说，故群臣百姓皆设私立方以教于国，群党比周以立其私，请谒任举以乱公法。人用其心以幸于上，上无度量以禁之。是以私说日益，而公法日损，国之不治，从此产矣。

——《管子·任法》

【古句新解】

君主舍弃公法而听信私说，那么群臣百姓都将根据私欲建立学说，在国内宣扬，勾结朋党来建立私人势力；请托保举私人来扰乱公法；用尽心机去骗取君主的宠信。君主如果没有法度来禁止这类行为，那么私说就会一天天地增多，公法将被一天天地削弱，国家的混乱就从此产生了。

自我品评

管子在此说明了君与臣民之间该有的上下位置，指出君王只有不信谗言、法纪严明才能树立起君王的威严。

在中国历史上，很多亡国之君都是因为听信了小人谗言而祸国殃民乃至失掉江山的。或是因为奸臣乱党当道，蒙蔽了君王的视听，从而忠良遭到迫害，奸臣肆意为非作歹，使得国家大乱，外敌乘虚而入，内忧外患相加，走上亡国之路；或者是君王贪图女色，因为女人而误了大事，最终因爱美人而失了江山……

但凡称得上一代明君的，都能够使法纪严明，照章办事而不徇私情，这正是受到万民景仰、国泰民安的根本。

谗言好似一剂慢性毒药，昏君遇到它会越来越迷恋它的味道，明君却能一眼辨出它害人的本质而抵制它，秦武王就是这样一位明君。

公元前308年，秦武王派甘茂攻打韩国的宜阳，甘茂担心自己不在都城时，会遭小人诬陷诽谤，于是对武王说道："春秋末年的时候，孔子有一位得意的弟子名叫曾参。曾参一向严于律己、奉公守法。以前，曾参住在费地的时候，鲁国也有个叫曾参的，他杀了人然后逃跑了，官府正在追捕。大街小巷都传遍了，说曾参杀人了。

"有一个人听后，急忙跑到曾参家里，刚好曾参外出不在家中，那个人就告诉曾参的母亲说曾参杀人了。他母亲听后微微一笑，不紧不慢地说：'我儿子才不会杀人呢。'说完又继续织布。儿子是她辛辛苦苦养大的，他的脾气、秉性母亲完全了解，她根本不相信这个谣传。"

"另一个人又跑来说，曾参杀了人，他母亲依然镇定自如，依旧纺织手里的布。过了一会儿，第三个人跑来对她说曾参杀了人，这一回她不得不相信这是真的了。她立刻扔下手中的梭子，离开织布机逃走了。就在她逃走的路上，碰见了她的儿子，才明白了事情的真相。

"以曾参的贤明，加上母亲对他的信任，三个人的谣传就让他母亲信以为真了。现在臣的贤能，远不如曾参，大王对我的信任，又不比曾参的母亲，忌恨臣的又不止三个人。臣恐怕大王也像曾参的母亲那样对我产生怀疑。"

武王听了点头说道："寡人明白你的用意了，我决不会听信他们的谗言，你就放心吧。"后来，甘茂与武王在息壤立下盟誓。

秦武王英明，能够做到不信谣言，但毕竟是众口铄金，一件事说的人多了，假的也就变成真的了，可见甘茂的担忧并不是没有必要，如果他遇到的不是秦武王，可能结局就完全不同了。

历史上也有许多君王，对于小人的谗言真假不分，偏听偏信，这样的庸才迟早要下台。晋献公就是一个很好的例子。

公元前660年，晋献公打败了西方一个叫骊戎的部落。骊戎大败后，便进献了一美女骊姬。骊姬的相貌可称得上沉鱼落雁、闭月羞花。晋献公非常地宠爱她，对她也是言听计从，后来竟立她为夫人。

但骊姬却时时刻刻不能忘记自己部落被打败的耻辱，一心想着为骊戎报仇。当然这不是立刻就可以做到的，需要长远地谋划才可以办到。

当时晋献公已经年老体衰，骊姬的第一步计划就是让自己的亲生儿子奚齐被立为嗣君，以便日后可以将晋国顺利地掌握在手中。可是在奚齐前面，晋献公有好几个儿子，而且还立了申生为嗣君。为了达到目的，骊姬就想方设法要除掉申生，为此她设下了一个圈套。

当时申生不在宫中，骊姬让晋献公将他召回都城，设宴款待，饮宴时骊姬频繁地向申生劝酒，还不断地夸赞申生的品行，同时还要申生善待弟弟奚齐。申生非常尊重这位后娘，连声答应，晋献公见他们相处如此融洽，也很开心。

饮宴结束时，骊姬悄悄地邀请申生明日陪她去后花园赏花。申生心里不愿意，可见后娘如此盛情，又不好推辞，转念一想，光天化日之下，也没有什么关系，于是就同意了。晋献公年事已高，耳朵有些不好使，自然没有听清楚。事后问骊姬，骊姬就换了个说法，说申生主动约她到后花园看花，晋献公很自然就起了疑心。

第二天，申生如约而至。他和骊姬边走边赏花，申生始终与骊姬保持一定的距离。走着走着，突然飞来了一群蜜蜂，围着骊姬不停地飞。骊姬显得很惊慌，忙喊申生为她驱赶蜜蜂。申生怕后娘被蜜蜂蜇到，自己承担不了罪过，便走过去用宽大的衣袖为她驱赶。眼前发生的一切被藏在假山后面的晋献公看见了，他老眼昏花，以为申生在摸骊姬，便出来阻止。骊姬顺势跪到晋献公面前，诬蔑申生想要非礼她。

原来，骊姬早上梳妆时，在衣服和头发上抹了些蜂蜜，故意引来了蜜蜂。但申生为人忠厚老实，有口难辩，何况晋献公只相信骊姬的一面之词，从此晋献公便有废去申生嗣君之意。

骊姬没有停止对申生的陷害。后来，她又在申生准备进献的祭肉中做了手脚，当晋献公刚要吃祭肉的时候，骊姬让人找来了一条狗，将祭肉扔给它，狗吃下去立即中毒而死。骊姬利用此事大做文章，说申生想毒死晋献公。晋献公派人捉拿申生，申生无法自辩，悲愤地自尽了。

接着，骊姬又想尽一切办法陷害晋献公的其他几个儿子，迫使他们逃亡出国，终于让她的儿子当上了嗣君。从此，晋国陷入了长达二十多年的混乱之中。

晋献公做事糊涂，不顾事实而一味轻信小人的做法是为君者的大忌。这种生活在小人圈中的君王，最终肯定要落个身败名裂的下场。

听信谗言就会是非颠倒、冤枉无辜；不严明法纪就无法治军，不能立威。这糊涂、无威之君如何治理好一个国家呢？因此，身为国君，就应该不听信谗言、法纪严明以正君威。

树立权威使政令通行

【原典】

令重于宝，社稷先于亲戚，法重于民，威权贵于爵禄。故不为重宝轻号令，不为亲戚后社稷，不为爱民枉法律，不为爵禄分威权。

——《管子·法法》

【古句新解】

政令重于珍宝，社稷的地位先于亲戚，法律重于人民，威权贵于爵禄。所以，不可以因为珍宝而轻视了号令，不可以因为亲戚把社稷放在次要位置，不可以因为爱民而曲解了法律，不可以因为爵禄而分散了威权。

自我品评

管子在此强调了君王权威的重要性，君王的权威是国家政令得以贯彻落实的前提。管子认为统治者是不能没有权威的，一旦丧失了权威，就会没有任何地位可言了。统治者一旦失去应有的权威和地位，就会沦落到受臣下控制和欺凌的地步，这就是大权旁落的凄惨下场。

无数事实也证明了管子的这一观点。对于官者来说，在属下面前必须树立起该有的权威，这样才能驾驭他人，使他人甘心服从指挥和调遣。这也是为官者与属下之间千古不变的规则。

历史上，以罚立威的事例比比皆是，汉代城阳王刘章杀人立威的故事就很耐人寻味。

刘章的封地在现在的莒县，汉代称城阳国。汉城阳王刘章是齐悼惠王次子，齐哀王刘襄之弟。悼惠王刘肥是汉高祖的长子，因非嫡出，乃高祖昔外妇所生，未能嗣皇位，被立为齐王。

惠帝六年（前189年），齐悼惠王刘肥薨。子襄立，是为哀王。哀王三年，刘章到长安进入宫廷成为保卫人员。被吕后封为朱虚侯，并将吕禄的女儿嫁他为妻。当时吕后掌权，朝中大权皆掌握在吕氏家族中。当时血气方刚的刘章经常为刘氏得不到职权而愤愤不平。

有一次刘章去伺候吕后设宴喝酒，吕后叫他做监酒官，他向吕后要求说："臣是将军的后代，请允许我用军法来行酒。"吕后说："可以。"当大家饮酒正高兴的时候，刘章上前给吕后敬酒并表演歌舞。一会儿，对吕后说："请允许我为太后唱耕田歌。"吕后奇怪地说："只有你祖父知道怎样耕田，你出生就是王子，怎么会知道耕田呢？"刘章笑着说："我知道呢！"吕后说："那你就唱唱耕田歌吧。"刘章乃唱道："深耕呀溉种，立苗呀要疏。不是自己所种的，就要锄掉它！"（暗讽吕后排斥刘氏，扶持吕氏。）吕后听了，闻弦歌而知其意，默然无语。

随后吕氏中有一人不胜酒力，因醉酒而离席逃跑，刘章一看，火冒三丈，起身赶上，拔剑就斩了他。然后刘章回到席上，对吕后及大家说："有逃酒的一个人，我按照军法将其斩掉了。"吕后及左右大惊。但是之前已经允许他用军法来监酒，无法责怪刘章。于是，从此以后，吕氏族人都畏惧刘章，朝中大臣都依附他，刘氏比以前更加强大了。

这则故事与孙武训练宫女，用军法斩不遵守军令的吴王爱妃有异曲同工之妙，都是假戏真做，杀人立威。兵不斩不齐，尉缭子说："杀一人而三军震者，杀之，赏一人而万人喜者，赏之。"只有动真格的，执法如山，说到做到，才能形成威慑力，建立起威信来。做到令

第三章 正法直度
——管子原来这样说法治之道

行禁止，令出必行，保持步调一致，密切协调。这对一些管理者也是一个很好的借鉴。一些企业不是没有制度，关键是执行不力，贯彻不下去，成为一纸空文。刘章的做法给我们提供了很好的启发。

不管是皇帝还是将帅，只有树立起自身的权威才能在关键时刻使政令通行。这是皇帝统治国家和将帅领导士兵所必须重视的一项内容。

上下贵贱皆从法

【原典】

君臣上下贵贱皆发焉，故曰法。古之法也，世无请谒任举之人，无闲识博学辩说之士，无伟服，无奇行，皆囊于法事其主。

——《管子·任法》

【古句新解】

君臣上下贵贱都要依法行事，所以叫做"法"。古代的法制，社会上没有私自请托保举的人，也没有闲置多识、博学和善辩的人，没有奇异的服饰，没有怪异的行为，所有的人都被规范限定到法的范围里为君主服务。

自我品评

管子再次强调了法的重要性，认为不论是君是臣，不论地位高低，也不论身份贵贱，都应该依据法律办事，即法律面前人人平等。

管子认为任何人都不能凌驾于法律之上，强调执法必严，执法公正，决不允许徇私枉法。这句名言在今天对于维护法律的尊严，制止徇私枉法的行为，依然具有积极意义。

东汉光武帝时期，天下初定，治安情况还很不好，京都洛阳又是全国最难治理的地方，聚居在城内的皇亲国戚、功臣显贵常常纵容自家的子弟和奴仆横行街市，无恶不作。朝廷接连换了几任洛阳令，还是控制不住局面。董宣是当时有名的酷吏，处理社会治安方面的才能也很显著，于是，光武帝刘秀决定任命年已69岁的董宣做洛阳令。

湖阳公主是光武帝刘秀的姐姐。这位公主仗着自己和皇帝的姐弟关系，豢养了一帮凶狠的家奴，在京城里作威作福，为非作歹，横行无忌。有一天，公主的家奴在街上杀了人，董宣立即下令逮捕他。可是，这个恶奴却躲进了湖阳公主的府第里不肯出来，而地方官又不能到这个禁地去搜捕，董宣就派人监视湖阳公主的住宅，下令只要那个杀人犯一出来，就设法抓住他。

过了几天，湖阳公主以为新来的洛阳令只不过是故作姿态，虚张声势而已。于是有一天，湖阳公主就带着这个杀人恶奴出行，刚走到大街上就被董宣派出去的人发现，派出去的小吏立即回来向董宣报告说，那个杀人犯跟着公主的车马队伍走，无法下手。董宣一听，立即带人赶到城内的夏兰亭，拦住了公主的车马。湖阳公主坐在车上，看到这个拦路的白胡子老头如此无礼，便傲慢地问道："你是什么人？敢带人拦住我的车驾！"

董宣上前施礼，说："我是洛阳令董宣，请公主交出杀人犯！"

那个恶奴在车马队伍里看到形势不妙，就赶紧爬进公主的车子里，躲在公主的身后。湖阳公主一听董宣向她要人，仰起脸，满不在乎地说："你有几个脑袋，敢拦住我的车马抓人？你的胆子也太大了吧！"

可是，她万万没有料到，眼前这位小小的洛阳令竟然怒气冲天，双目圆睁，猛地从腰间拔出剑向地下一划，厉声责问她身为皇亲，为什么不守国法？湖阳公主一下子被这凛然的气势镇住了，目瞪口呆，不知所措。董宣又义正词严地说："王子犯了法，也得与老百姓一样治罪，何况是你的一个家奴呢？我身为洛阳令，就要为洛阳的众百姓做主，决不允许任何罪犯逍遥法外！"董宣一声喝令，洛阳府的吏卒一拥而上，把那个作恶多端、杀害无辜的凶犯从公主的车上拖了下来，就地砍了脑袋。湖阳公主感到自己蒙受了奇耻大辱，气得脸色发紫，浑身打颤，丢了个奴仆，她倒并不十分痛心，可是在这洛阳城的大街上丢了这么大的面子，怎么能咽下这口气？她顾不得和董宣争执，掉转车头，便直奔皇宫而去。湖阳公主一见到刘秀，又是哭，又是闹，非让刘秀杀了董宣替她出这口恶气不可。光武帝听了姐姐的一番哭诉，不禁怒形于色。他感到董宣如此蔑视公主，这不等于也没把他这个皇帝放在眼里嘛？想到这里，便喝道："快把那个董宣捉来，我要当着公主的面把他乱棍打死！"

董宣被捉来带上殿后，他对光武帝叩头说："请允许我先说一句话，然后再处死我吧！"光武帝十分愤怒，便说："你死到临头了，还有什么话说？"

董宣这时声泪俱下，却又十分严肃地说："托陛下的圣明，才使汉室再次出现中兴的喜人局面。没想到今天皇上却听任皇亲的家奴滥杀无辜，残害百姓！有人想使汉室江山长治久安，严肃法纪，抑制豪强，却要落得个乱棍打死的下场。我真不明白，你口口声声说要用文教和法律来治理国家，现在陛下的亲族在京城纵奴杀人，陛下不但不加以管教，反而将按法律执法的臣下置于死地，那么国家的法律还有何用？陛下的江山还能用什么办法来治理？要我死容易，用不着棍棒捶打，我自寻一死就是了。"说着便一头向旁边的殿柱上撞去，碰得满头满脸都是血。光武帝也不是个糊涂的君主，他被董宣那一番理直气壮的忠言，以及刚正不阿、严格执法的行为，深深地打动了。他又惊又悔，赶紧令卫士把董宣扶住，给他包扎伤口，然后说："念你为国家着想，朕就不再治你的罪了。不过，你总得给公主一点面子，给她磕个头，赔个不是呀。"董宣理直气壮地说："我没有错，也无礼可赔！因此，这个头不能磕！"

光武帝只好向两个小太监使了个眼色，示意他们把董宣搡扶到公主面前磕头谢罪。

两个小太监立即照办。这时，年近七十的董宣用两只胳膊支撑着地，梗着脖子，怎么也不肯磕头认罪。两个小太监使劲往下按他的脖子，却怎么也按不动。

湖阳公主自知理亏，却仍耿耿于怀，不出这口气心里憋得慌，她又冷笑着向光武帝说："文叔（光武帝的字）当老百姓的时候，常常在家里窝藏逃亡的罪犯，根本不把官府放在眼里。现在当了皇帝，怎么反而连个小小的洛阳令都驾驭不了呢？我真替你脸红！"

光武帝的回答也很巧妙，他笑着说："正因为我当了一国之君，才应该律己从严，严格执法，而不能像过去做平民时那样办事了，你说对不对呀？"光武帝转过脸又对董宣说，"你这个强项令，脖子可真够硬的，还不快点退下去！"

从上面这个故事我们可以看出，光武帝还是个普通的平民时，也是不怎么遵守法令的；然而自己当了皇帝，却也得要依法办事了。因此，颁布严格的法令，**抑止豪强势力的发展**，是每一个皇帝要让天下安定太平的首要事务。因此，管子认为法度行则国治。实行法制、依法办事是国家安定的前提。

法律的制定固然重要，但如果有法不依，做不到执法公正，那么法律就只是一纸空文。如果法律只对一般人起作用，而对某些人则失去其强制性和约束力，那么就会造成民心惶惑，无所适从，最终导致法制混乱。

赏罚也应以法依法

【原典】

宪律制度必法道，号令必著明，赏罚信必，此正民之经也。

——《管子·法法》

【古句新解】

宪令法律制度都必须符合法制的道理，号令必须显明，赏罚必须信守承诺，这是端正人民的法则。

自我品评

信必，信赏必罚，就是赏赐要守信，处罚要坚决。管子强调国家的法令制度一定要明确，明明白白地告诉百姓；进行赏赐或惩罚，一定要及时守信，严格依法办事。

管子认为，如果没有明确的法令制度，人民就会无所适从，坏人就会起来作乱；如果对有功劳的人不给予赏赐，人民就会不再全心全意为国效力；如果对犯法的人不进行处罚，人民就会不再相信服从法律。因此，国家必须法令明确，赏罚严明。这与我们今天强调的"有法可依，有法必依，执法必严，违法必究"是一致的。

治国要号令著明，赏罚信必，治理军队也应该遵循这一点。下面我们就看一看孙武练兵的故事。

孙武本来是齐国人，由于避难到了吴国。他拿着自己所著的兵书，要求见吴王，施展自己的抱负。吴王阖闾想要伐楚，正需要孙武这样的人才。经伍子胥推荐，阖闾先把孙武的兵书读了一遍，然后召见了孙武。阖闾对孙武说："先生的大作十三篇，我全部拜读了。是不是可以当面试一试呢？"孙武回答说："行啊。"阖闾又问："可不可以让妇女试一试，用来操练女兵呢？"孙武说："好吧！"于是阖闾便把自己身边的宫女都叫了出来，大约有一百八十人，交给孙武去训练。他自己坐在台上看孙武操练女兵。

孙武把这些宫女分为两队，让阖闾最宠爱的两个宫女分别担任两队的队长，命令所有的宫女每人拿一支戟。孙武问："你们知道自己的心、后背、左手、右手吗？"宫女们齐声回答："知道。"孙武说："好。现在，我命令你们向前，你们就看心所对的方向；命令你们向左，就看左手所对的方向；命令你们向右，就看右手所对的方向；命令你们向后，你们就朝背后转过身去，大家能够做到吗？"众宫女都应声说："能！"

孙武把号令交代清楚之后，便让人把斧钺等兵器摆在宫廷当中，并且三令五申，如果不听号令，就要受到军法的处罚。随后击鼓传令向右转。宫女们平日里习惯于轻歌曼舞，哪里受过这种约束？听到号令，七扭八歪，乱哄哄地笑个不停。孙武说："号令说得不清楚，动作讲得不明白，所以你们操练不好。这不能怪你们，是我这做主将的责任。"说完又把规定的号令反复讲了几遍，然后击鼓传令向左转。宫女们照旧乱七八糟，又是一阵大笑。孙武说："先前，没有把号令讲清楚，你们不熟练，那是我做主将的责任；现在，号令既然已经交代清楚了，你们却不按照号令去做，那就是你们的责任了。依据军法，应该处罚你们的队长？"说完就要将两个队长斩首。

吴王阖闾让孙武操练宫女，不过是想玩一玩。见宫女们嘻嘻哈哈、打打闹闹，他在台上看得很起劲，忽然听到孙武要处死自己那两个最宠爱的宫女，大吃一惊，连忙派人传下令来，说："我已经知道将军是善于用兵的了。但是这两个美人可万万杀不得。没有她们两个陪伴，我连饭也吃不下啊！"孙武说："我已经接受了大王的任命，当了主将，将在外，君命有所不受。"于是下令立即把两个女队长斩首。紧接着又指派另外两个宫女做队长，重新开始击鼓操练。

宫女们见孙武连吴王最宠爱的宫女也敢杀，都吓坏了，不要说不敢笑，连粗气儿也不敢出了，一个个聚精会神地按着鼓声操练了起来。不管是向左向右，向前向后，或者是跪下起立，完全符合号令，一点差错也没有。

训练完毕，孙武派人报告阖闾："女兵已经操练好了，大王可以下来到阵前检验，随便大王下什么命令，她们都能服从，即使赴汤蹈火也不会退缩。"阖闾这时候还在为失去两个心爱的美女难受，哪有心思去看女兵操练呢。只好顺口敷衍道："将军去休息吧，我可不愿意下去看啦。"孙武听了，叹口气说："唉，看来大王只是喜欢看我写的兵书，并不想让我发挥真实的本领啊！"听了孙武这句话，吴王这才振作起来，他仔细一想，怎么能够因为两个宫女丢掉一位大将呢？于是转怒为喜，正式任命孙武为大将。

操练宫女可不是一项简单的任务。孙武在操练的时候，首先向她们仔细讲明各项动作要领以及处罚规定，做到"号令著明"；当他三令五申而宫女们仍然不听从指挥时，他就坚决地将两名队长处死，做到"赏罚信必"。最后，宫女们一切行动听指挥，各种动作一点差错都没有。这个故事深刻地说明了"无论是赏是罚都必须以法依法"的重要性。

以身守法则百姓从

【原典】

禁胜于身，则令行于民。

——《管子·法法》

【古句新解】

用法制约束君主自身，即要求人君以身作则，率先服从法律禁令，那么老百姓就没有不奉公守法的了。

自我品评

管子不仅强调立法，重视法律本身，而且还强调执法，重视法律的执行问题。他认为国君如果以身作则，率先遵守国家的法律，那么老百姓就会自觉守法，法律就很容易在国家中施行。在法律的执行中，国君的表率作用十分重要。"其身正，不令则行；其身不正，虽令不从。"君主制定法律、树立礼仪，首先要自觉遵守，以身作则。如果君主不以身作则，下面的老百姓就不会服从，如果老百姓不服从国家的法律，那么国家就会产生混乱。所以历代思想家都强调君主在遵守法律方面要起到表率作用。

我国历史上很多贤明的君主都很注意自觉遵守法令，给大家做出表率。下面我们首先看一看曹操"割发代首"的故事。

曹操是大家非常熟悉的历史人物。过去戏曲里常常把他打扮成一个白脸奸臣。其实，曹操不但是一个很有作为的政治家、军事家，而且还是一个严于律己、自觉守法的统帅。

建安五年（200年），曹操率军在官渡和袁绍进行决战的前夕，为了严肃军纪，下了一道命令："军队行军，不许践踏麦田，违犯者处死。"可是，在行军中，麦田里突然飞出一只斑鸠，从曹操骑的马头上掠过。战马受了惊吓，嘶叫着蹿进麦田。等曹操用力勒住缰绳停下来，已经踩坏了一大片麦子。曹操赶紧下马，对管理法令的主簿说："我践踏了麦田，违犯禁令，请按军法治罪。"主簿觉得统帅的马踩了麦田，不好治罪，就对曹操说："法令是针对一般将士的。按照《春秋》的规矩，对尊贵的人是不能施加刑罚的。将军是一军的主帅，何况战马受惊，闯入麦田，是出于意外，不是存心违法，我看就不必治罪了。"曹操见主簿不肯定罪，便要拔剑自刎。部下慌忙拉住，劝阻道："您是统帅，责任重大，怎么可以轻生呢？"曹操叹了口气说："我身为统帅，更应该自觉遵守法令，即使不处死，也一定要受到处罚！"说着，用剑"唰"地一下割下了自己的一缕头发，掷在地上。古代的人认为身体发肤，受之父母，是不能随便损毁的，因此割发也是一种刑罚。曹操割发代首的事情，马上在全军将士中传开了。全军上下见曹操这样严格要求自己，人人自觉遵守军令，不敢违犯。

无独有偶，同样的故事还有一个——朱元璋依法诛驸马。朱元璋是明朝的开国皇帝。他在推翻了元朝的统治以后，为了团结西北的少数民族，孤立和打击元朝的残余势力，曾下令大力发展汉族和少数民族之间的贸易，组织茶、马互市。当时，西北少数民族过的是游牧生活，以肉食为主，茶叶有助于消化，是不可缺少的；而明朝政府要加强防卫力量，战马是不可缺少的。一边有马无茶，一边有茶少马，因此组织茶、马互市，对明朝政府和少数民族都有好处。

可是，一些投机商人为了牟取暴利，却竭力破坏茶、马互市，大搞走私活动。他们一方面把茶叶偷运出去，高价卖给少数民族；另一方面又把马匹偷运回来，在内地高价贩卖。随着时间的推移，这种情况越来越严重，引起了朱元璋的关注。于是在洪武三十年（1397年），朱元璋下令严禁茶马走私，宣布对违犯者从严处罚。

这道命令下达以后，许多投机商人有些害怕，行动有所收敛，但他们还在观望，因为还有人在继续大搞走私。在这些人中，有个叫欧阳伦的人特别胆大。这个欧阳伦是谁呢？原来，他是朱元璋的女儿安庆公主的丈夫，当朝皇帝的驸马。以往他就倚仗自己驸马的高位，皇亲的特权，大肆走私，赚取了大量钱财。朱元璋的禁令下达后，欧阳伦认为那是针对一般商人的，自己是驸马，违反了禁令也没有关系。因此，别人有所收敛，他却满不在乎。朱元璋二月刚刚下达了禁令，到了四月，欧阳伦就在陕西组织了一次大规模的走私活动，并且公然让地方官给他私收茶叶，又向地方官索取五十辆大车，然后让管家周保押着，浩浩荡荡运往兰州。

由于欧阳伦是当朝驸马，各级官员虽然见他公开违法也不敢管，有的还阿谀讨好，因此一路关卡纷纷放行，车队很快就到达了兰州。然而，车队要过兰州黄河桥头的时候，遇到了阻拦。负责检查的河桥吏，根据新的命令，让周保停车检查。这个河桥吏官虽不大，但责任心很强，忠于职守。当他发现车队是偷运私茶后，坚决不让过桥，并要按照法令处置。押车的周保是欧阳伦的忠实奴才，又是个目无法纪的暴徒。他见一个小小的河桥吏竟然敢拦驸马的货，立刻火冒三丈，命令手下把河桥吏痛打了一顿。

河桥吏虽然被打，但坚决不屈服，就是不放车队通行，并且直接上书朱元璋，控告驸马欧阳伦违法走私和周保殴打朝廷官员的罪行。朱元璋收到上书，发现有人竟然还敢走私，十分生气，但是一看到违反禁令的正是自己的女婿，心里又矛盾开了：要依法严惩吧，女儿就成了寡妇；不依法处置吧，又怎么能够服众呢？他想来想去，觉得还是不能因私废法。于是下令对欧阳伦依法赐死（也就是让他自杀），将周保斩首示众，对不负责任的地方官员依据不同情况进行处罚。与此同时，朱元璋大力表彰了忠于职守、严格执法的兰州河桥吏，派特使专程到兰州向他表示慰问和嘉奖。

正在观望的走私商人看到连欧阳伦都被处死，都自觉遵守禁令，再也不敢走私了。明朝与少数民族的茶、马互市逐渐恢复了正常。

曹操割发代首、朱元璋处死驸马，这都是自觉遵守法令的典范。如今，我们正在进行社会主义市场经济建设，更应该讲究依法治国，各级领导干部皆应该带头遵守法律，以身作则，给群众做出表率，这样才能推进各项事业的顺利发展。

明法令以严惩奸邪之人

【原典】

常令不审，则百匿胜；官爵不审，则奸吏胜；符籍不审，则奸民胜；刑法不审，则盗贼胜。国之四经败，人君泄见危。

——《管子·己法》

【古句新解】

国家的基本法令不严明，朝廷中的各种小人就会得逞；官爵制度不严明，奸邪的官吏就会得逞；户籍制度不严明，奸民就会得逞；刑罚制度不严明，盗贼就会得逞。这样一来，国家的"四经"就会败坏，君主就会陷入危险之中了。

自我品评

管子在此列举了奸邪小人对国家的种种危害，指出奸邪小人的伤害性是不可小瞧的，因而，一定要严惩奸邪小人以法制，也只有这样，才能国泰民安。

奸邪小人对于国家来说是只大害虫，如果忽略了他们的危害性，国家就一定会因奸邪小人作乱而混乱不堪。小人的种类繁多，他们存在于各种阶层中，大到朝廷、小到百姓，都难免有小人作乱。

每朝每代都会有奸恶之人，他们之所以为所欲为、作威作福，关键是有人在他们背后撑腰。对待这样的人，如果一味地听之任之、不加约束的话，朝廷迟早会被他们搅乱。既然是关系到国家安定团结的大事，对这帮恶人就应严惩不贷，不给他们任何机会。

安德海是慈禧太后的贴身宦官，此人贪污受贿、骄横跋扈，在朝中可谓无恶不作，可是因为他有慈禧太后撑腰，没有人敢正面和他作对。

有一次，安德海奉慈禧太后之密诏南下办差。这一路上，安德海在船头挂上彰显高贵的船幡，口称有圣旨密遣，所到之处，他欺男霸女、为所欲为。而沿途的官吏个个害怕他的淫威，都是小心翼翼地侍奉，不敢有任何怠慢。唯有山东巡抚丁宝桢例外，他性情忠厚，刚正不阿，对安德海之流早已恨之入骨。他早就想好了一个主意来对付安德海。

丁宝桢先把安德海已到山东的消息密奏给了同治皇帝。然后，他令骑兵前往泰安把安德海拘捕了。安德海被这突如其来的变故弄得摸不着头脑，他大声喊道："我是奉老佛爷的旨令前来公干，你们这帮不知天高地厚的东西竟然敢抓我，真是吃了豹子胆了！"安德海被押到济南，丁宝桢亲自审讯他，安德海一见丁宝桢就破口大骂道："丁宝桢，你别得意得太早，等我向老佛爷禀告此事，我让你死无葬身之地！"

丁宝桢坐在大堂上一脸威严地说："安德海，宦官私自出城，按大清的律例当斩，你可知罪？"

安德海听到这话后气焰便没那么嚣张了，他哆哆嗦嗦地说："我有太后的密旨。"

丁宝桢严厉地喝道："你胡说，我们这些册封的大臣们都没有接到皇上的圣旨，你此次出城必有见不得人的阴谋！"此时，皇上的圣旨正好也到了，丁宝桢便将安德海就地正法了。

丁宝桢不畏权势、敢做敢为，为朝廷除去了一个无恶不作的大害

第三章 正法直度
——管子原来这样说法治之道

虫。这件事告诉我们，对待恶人一定不能心慈手软，严惩奸邪之人以正法制方可使众人心服，别人才会遵纪守法。

古往今来，帝王都强调官员要奉公守法，对于那些不安分的官吏，昏庸之君可能会听之任之，而那些贤明的君主则会对此深恶痛绝，严惩不贷。康熙帝就是一个贤君，他把察吏安民的重点放在反对横征暴敛上，对于那些贪污受贿之辈康熙帝是发现一个处理一个，决不姑息。

为了体察百姓疾苦和查办贪官，康熙曾两次西巡，最远到了宁夏。在探访中，康熙发现山陕等地百姓缴纳的钱粮中，当地官员竟在原来的基础上增收了许多，仅山西一地，多收银两竟有百万之多。

康熙气愤地质问道："如此科派，民何以堪？"

遂将山西巡抚温保撤职查办，随后，又以年龄衰老，不能胜任为由，将陕西巡抚党爱和按察使纳垒解任。同年，山西蒲州府发生民变，百姓逃入山中，康熙亲自调查，将山西百姓极为痛恨的两名官员革职，并押解赴京，交刑部治罪。

康熙对大学士们说："州县之私派，皆申督、抚、布、按科派所致。若止在州、县官，则所害者不过一州一县。巡抚与布政使通同妄行，则合省俱受其害矣。此等人，朕断不姑容。"

有一年，山东闹饥荒，百姓缺少食物，巡抚李伟竟不上奏朝廷。康熙以"不知体恤百姓"为由革了他的职。四川布政使卞水式在征收钱粮时，超征白银四万余两，事后与巡抚瓜分，但因其病故没有再另行处罚，而巡抚则被拟以绞刑。山西太原府知府赵风诏，巧立名目，勒索银两，私吞银两达十七万二千两之多，被康熙处以斩立决。

康熙严惩贪官污吏的举动让全国上下为之肃然，无人不受其威慑，一股清明之气也随之形成，朝廷内外无不以廉洁为荣。

康熙帝待民仁义、治吏严格，他善恶分明，对贪官污吏处以重罚，这种英明的治国政策获得了人民的认可。而那些奸恶小人，在这种环境下也就没有了生存的空间，社会的开明正直风气自然也就形成了。

小人是社会的毒瘤，对他们稍一纵容，他们便会抓住机会为非作歹、搅乱时局。因此，对待小人应该发现一个处理一个，不给他们任何作乱的机会。明太祖朱元璋当时惩治小人就很坚决。

有一次，进士张子恭、王朴奉命到昆山视察水灾。在此期间，二人受当地官员宴请并收受钱币一千三百贯，将他们两万两千六百亩的良田谎报为受灾农田。朱元璋查知后，命他们自缢身亡。当时，为官者贪污白银六十两以上者，均处以枭首示众之罪、剥皮楦草之刑。

朱元璋整肃吏治的斗争延续了二三十年之久，打击范围广，甚至一些皇亲国戚犯法，也是在劫难逃。为了达成吏治清明的局面，朱元璋六亲不认。开国功臣华云龙、朱亮相便因以权谋私、贪污受贿而死于整肃吏治的斗争中。

朱元璋的侄子朱正文曾立下过汗马功劳，但他因不满朱元璋对他赏赐过少而心存怨恨。他在镇守江西时，骄奢荒淫、强抢民女，淫乐数十日后，将女坠入井中淹死，毁尸灭迹。朱元璋知道后欲杀朱正文，但因朱正文是马皇后从小看着长大的，待之如同己出，马皇后出面求情，才免他一死。后来，朱正文奉命守墓时逃跑，朱元璋终于将他处死。

朱元璋的整治起到了很好的效果，经过长期严惩奸邪的斗争，做官的人终于认识到了朱元璋立场的坚定，不禁人人自危，不敢恣意妄为了。朱元璋这种打击贪官污吏，整饬吏治，坚决反贪的举动，虽然不能从根本上解决腐败问题，但也有很大的威慑作用。

一粒老鼠屎会坏了一锅汤，对于那些祸国殃民的恶吏，要严惩以戒众人。只有坚定惩治奸邪之人的立场，国家法制才能得以真正实施，人民才能心服口服、遵纪守法，如此一来，国家才能安定。

法律政令须视时而立

【原典】

国准者，视时而立仪。

——《管子·国准》

【古句新解】

国家法令准则应根据时代的现实变化来确立不同的标准。时代变了，环境变了，法令制度也应相应地调整。

自我品评

管子提倡制定国家政策法令应根据时势发展而随时调整，这样才能利于国家经济的发展，促进国家的富强繁荣。管子的这一观点用我们今天的话讲，就是应该与时俱进。适合于时代需要的，君主要积极实行；不适合于时代需要的，君主则坚决放弃。

这也是马克思主义哲学中"发展"的观点。无论是国家还是个人都面临"下一步怎么走"的问题，我们应善于审时度势，及时调整国家的政策以及法律。

中国历史上第一个皇帝秦始皇，就是一个善于"视时而立仪"的楷模。秦始皇，名嬴政，因生在赵国，又取名赵政。他灭亡六国，统一中国，建立了中国历史上第一个统一的中央集权的封建国家。

嬴政元年（前246年），秦庄襄王死，年仅十三岁的嬴政即位，由其母临时听政，尊吕不韦为相国，号称"仲父"，朝廷大权落在吕不韦手中。当嬴政二十二岁那年，按照秦国惯例，国王要举行冠礼，开始亲自主持政务，不料，吕不韦指使嫪毐发动叛乱。秦王嬴政及时平定了这次未遂的政变。嫪毐被处死，吕不韦被罢官，不久畏罪自杀。

秦王嬴政亲政后，在十年之中，以他的雄才大略结束了自西周、春秋、战国以来七八百年的分封割据局面，使中国的政局出现了第一次统一。

秦王嬴政吞并六国、一统天下后，面临的迫切问题是建立一个什么样的封建国家。对于这样一个关系到国家前途命运的重大问题，大臣中存在着很多不同意见。为了统一思想认识，嬴政召开了一次会议。参加会议的有丞相王绾、御史大夫冯劫、廷尉李斯，还有一班博古通今的博士。讨论中，丞相王绾认为应当建立分封制，廷尉李斯反对，主张建立郡县制的中央集权制国家。秦王嬴政从历史中看到分封制的弊端，同意李斯的意见，决定在秦国原来政权的基础上建立中央集权制的国家。会议还讨论了国家元首的称号和权力。讨论结果，大家一致认为，古代"泰皇"称号最为高贵，因此秦王嬴政尊号为"泰皇"。还建议从今以后，改"命"为"制"，改"令"为"诏"，天子自称为"朕"。秦王嬴政最后决定：去掉"泰"字，保留"皇"字，加上"帝"字，号称"皇帝"。最后又补充决定：废除"谥号"，自称"始皇帝"；规定其后世按数计称为二世、三世，以至于万世。"皇帝"称号的采用，意味着功过三皇，德超五帝。从此，秦王嬴政成为中国历史上的第一个皇帝。随后，他采取了一系列巩固国家政权的措施。

建立中央集权制度。国家的最高统治者是皇帝。皇帝之下设中央政权机构，即"三公九卿"。"三公"是：丞相，为百官之长，是中央机构中的首脑，协助皇帝处理全国的政务；太尉，武官之长，掌管全国的军事；御史大夫，是皇帝的秘书，掌管图书典籍，监察各级官吏。

"九卿"是：奉常、郎中令、卫尉、太仆、廷尉、典客、宗正、治粟内史、少府。奉常掌管宗庙祭祀礼仪，兼管皇帝侍从；郎中令负责皇帝的安全保卫工作；卫尉掌管皇宫的警卫部队；太仆掌管皇帝车马；廷尉掌管司法，审理重大案件；典客负责民族事务和外交；宗正掌管皇家的属籍事务；治粟内史掌管税收和财政开支；少府掌管皇宫的修建。"三公九卿"直接对皇帝负责，皇帝对重大事务有最后决断权。这就确立了皇帝一人大权在握，突出了中央集权制的特点。

健全地方各级行政机构。废除分封制，全国各地普遍推行郡、县两级政权机构。全国划分为三十六郡，到秦末增至四十余郡。每郡设有郡守，掌管行政事务，为一郡的最高长官。郡下设县，县下设乡、亭、里。县有县令、县长，是一县最高长官。县万户以上的设县令，万户以下的设县长。从中央到地方，郡县政权的官吏均由皇帝任免，实行俸禄制。这套行政机构，一方面大大加强了对人民的控制，另一方面大大提高了工作效率，为以后历代封建王朝所承袭。

秦始皇的另一个历史功绩就是统一了当时全国的各种制度。秦始皇以秦制为标准，对全国各地区的政治、经济、文化等方面的制度进行改革，从而消除了由于长期封建割据所造成的差异，进一步促进了全国的统一和发展。

首先，统一度量衡。战国时代各国度量衡的大小、长短、轻重不同，单位名称也各异。秦始皇把商鞅制定的度量衡标准推广到全国，公布于天下施行。统一的度量衡是：度为寸、尺、丈、引；量为龠、升、斗、桶、斛；衡为铢、两、斤、钧、石。

其次，统一货币。战国时期各国货币不仅形制不同，而且单位也不相同，有布币、刀币、圆钱、铜贝等。有的国家以斤为单位，有的国家以镒为单位。为了有利于统一后的商品交换和经济的交流和发展，秦始皇废除了原有各诸侯国的货币，改用黄金为上币，以镒为单位，圆钱为下币，以半两为单位。

再次，统一文字。战国以前各地区文字写法各不相同，严重影响着文化学术的交流和发展。秦统一六国后，秦始皇命令李斯等人进行文字改革工作，以小篆为基础统一全国文字。同时，还把隶书作为日用文字，便于民间使用。这样，做到了"书同文"，对文化的传播和发展是一个贡献。

此外，统一车轨，促进交通事业的发展。秦始皇规定车宽六尺，全国统一规格。他下令毁掉关塞堡垒阻碍物，修建驰道。以首都咸阳为中心，一条向东直通燕齐旧地，一条向南直达吴楚旧地。这种驰道路基坚固，宽五十步。

秦始皇所采取的统一法律、统一度量衡、统一货币、统一文字等措施，不仅对消除封建割据的影响、巩固统一的政权具有重大意义，而且对于促进全国经济、文化的联系和发展具有积极作用。

秦始皇须应历史潮流，统一中国，建立中央集权制，对中华民族历史的发展作出了重大贡献。虽然他在历史上以滥征徭役、严刑酷法等闻名，但他"视时而立仪"的做法确实体现了千古一帝的伟大气魄。今天，改革开放不断深化，新情况、新问题层出不穷，每个人都面临着新机遇、新发展，我们更需要这种"视时而立仪"的做法。

第四章 以民为天
——管子原来这样说治国之道

治国之道即治理国家的方法。管仲治理国家的方法就是必须使百姓富裕起来，然后以法治国，发展国家政治。"凡治国之道，必先富民，民富则易治也，民贫则难治也。"而且管子认为治国必须顺应民心、礼法并用。管子也正是以这样的治国谋略辅佐齐桓公改革内政，振兴经济，富国强兵，使齐国"九合诸侯，一匡天下"，成为春秋五霸之首。

第四章 以民为天
——管子原来这样说治国之道

得民心者得天下

【原典】

昔者圣王之治人也，不贵其人博学也，欲其人之和同以听令也，《泰誓》曰："纣有臣亿万人，亦有亿万之心。武王有臣三千而一心。"故纣以亿万之心亡，武王以一心存。故有国之君，苟不能同人心，一国威，齐士义，通上之治以为下法，则虽有广地众民，犹不能以为安也。

——《管子·法禁》

【古句新解】

从前圣明的君王在治理人民的时候，最重视的不是他的博学，而是要求他能同心协力听从君令。《泰誓》说："殷纣王有亿万臣下，也有亿万条心；周武王有三千臣下，只有一条心。"纣王因为民心有亿万条而亡，武王因民心只有一条心而存。

因此，作为一国的君主如果不能收拢人心，集中权威，统一思想，使上面的政策成为下面效法的规范，那么，虽然有广大的国土以及众多的人民，还是不能安全的。

自我品评

　　管子认为君王是否重视收拢人心、能否做到集中权威、统一思想，是国家安危存亡的重要因素。管子对于治国治民，有着无可企及的思想高度，他把民心看得至关重要，提醒统治者，国家的安危存亡系于民心所向，能够得民心者，则能长存，而民心背向者则天下不保。

　　一个朝代能够安定的秘诀就是人民归顺，所以，有贤德的皇帝治理国家的第一件事便是收拢民心。民心归附了，社会也就安定了大半。为官者治理一方也是这个道理，只有先把当地百姓的心给"收买"了，对地方治理起来才能一帆风顺。

　　东汉桓帝时的一年秋天，南匈奴造反。管辖那一地区的安定国都尉张奂刚到任，他的军营中只有两百多名士卒，由于敌我力量悬殊太大，张奂决定用攻心战略来御敌。他一边征集兵马扩充实力，一边派使者去说服东羌前来支援。在说客的巧妙劝说下，东羌的几个部落前来支援张奂，在他们的帮助下，张奂很快便率军平息了叛乱。

　　在战后的庆功会上，东羌的首领们送给张奂二十匹骏马和一些黄金臂镯。张奂端起酒杯，把酒洒在地上说："我向来把马看成羊一样的普通，不把它们关进马厩来当作私人财产；我把黄金看作和粟米一样廉价，不把它纳入自己的腰包。"说罢，张奂把那些马匹和金器都给了羌人，羌人对他感激涕零。

　　取得羌人之心的张奂在管辖地得到了巨大的拥护，他不但没有重蹈前几任因贪图钱财而招致众人忌恨的覆辙，还使他个人及汉王朝的声威、教化在边疆自然而行。

　　可见，高高在上的统治者要想一方长治久安，首先要做的就是收拢民心，只有得到广大百姓的支持和认可，治理起社会来才能顺顺利利、事半功倍。

　　聪明的人都知道人心归属的重要性，也懂得如何使用人民的力量

第四章 以民为天
——管子原来这样说治国之道

去实现自己的"大业"。曾巩依靠民力剿灭霸王社的故事就充分体现出了人民力量的无穷威力。

曾巩是宋嘉祐年间的齐州知府。当地有一个犯罪团伙，号称"霸王社"，他们挟持官府，欺压良民，为所欲为。当地百姓对他们恨之入骨，但没人敢声张，历任的几届知府也是对这个团伙束手无策。曾巩决心端掉这个团伙，为百姓出口恶气。

他暗中查访恶徒们的劣迹，得到证据后，他下令逮捕了30多人。此举让霸王社很是恼火，他们变本加厉地猖獗起来，试图逼官府妥协。

曾巩对此从容应对，他先是把抓来的人发配到边疆充军，然后组织各村的百姓联保，只要霸王社的人一到，值勤的人就鸣锣示众，这时就会有官兵前来支援。他还在各村安插了耳目，暗中打探霸王社的新动向，并命令捕快班头随时照应配合。这样以来，每次的抓捕行动都能成功，霸王社的恶徒们也开始害怕起来。

一天，有个叫葛友的人前来自首，曾巩不但没有治他的罪，反而设宴款待了他，还委任他做了一个州府的小头目，让他披红挂彩，骑上高头大马，带着随从，吹吹打打地赴任去了。霸王社其他的党徒看到这种情形，内心躁动起来，他们纷纷出来自首，霸王社一下子就垮了。从此以后，社会很快恢复了以前的安定，百姓又开始夜不闭户起来。

对付强大而顽固的势力，有时候靠"力拼"是行不通的，此时，只能智取。而智取的方法，除了充分利用广大群众的力量外，还要挖掘到敌人内部，尽可能地收拢他们部分人的心，进而离间他们，如此一来，敌人就不攻自破了。

春秋时期，晋国的社会秩序不是很稳定，总是有许多强盗祸害百姓，这让晋国国君很是头疼，他命令各级官员捕捉强盗，严惩不贷。当时有个捉贼的能手叫邵雍，他抓住了许多盗贼并把这些盗贼都杀死了，晋国国君对他很是赏识。

大夫赵文子劝国君说："邵雍抓贼是厉害，可是他只知杀戮，不

113

知劝其改过，你不能重用这样的人啊，否则时间一长，他一定会给国家带来更大的匪患。"

国君诧异地问他缘由，赵文子说："人们做强盗，有时是被迫的，他们并不是天生的盗贼。只要对他们加以劝说，他们是能够改邪归正的。像邵雍那样只知道杀人，人们就会怨恨增加，没死的要为被杀的报仇，这样强盗就会层出不穷，哪里还有宁日啊？你应该罢免邵雍，劝人改过，任用贤人，施行教化。只要人们有了羞耻仁义之心，生活安定了，谁还愿意做强盗呢？"

晋国国君虽觉得赵文子的话有理，但不甘心罢免邵雍，而是继续采取严厉镇压的方式。不久后，强盗们合起伙来，把邵雍杀死了，晋国匪情更加严重。

晋国国君此时想起了赵文子的劝告，赶忙把他请来对他说："我很后悔当初没有听你的话，事情现在是越闹越大，你来主持这件事吧！"

赵文子遂发布告示说："人都有向善之心，做强盗的人一定有许多苦衷，朝廷赦免你们的罪过，决不再追究。只要是有冤情和不满朝廷官员的，都可以前来申诉和举证。若情况属实，朝廷一定会采取措施加以纠正，对贪官污吏给予惩罚。"

这个告示一贴出，为盗者大受感动，他们纷纷放下武器，指责官吏的过错。赵文子将逼民造反的恶吏治罪，晋国的匪患很快就消除了。

赵文子对一些盗贼广施仁政，这不仅避免了更多反抗势力的滋生，而且他的仁厚宽容还让他得到了百姓的拥护，可谓一举两得。这也就正应了那句话——统治人民重在收拢民心。

第四章 以民为天
——管子原来这样说治国之道

百姓富裕则国家强盛

【原典】

凡治国之道，必先富民，民富则易治也，民贫则难治也。

——《管子·治国》

【古句新解】

所有的治国之道，都是要先使民众富裕起来。民众富裕了就容易治理，民众穷困就会难以治理。

自我品评

管子强调了身为君主者重视农业生产的重要性，以此来说明人民富裕了才能安定国家。能否让人民多产粮食丰衣足食是非常重要的，因为这直接关系到国家是否能够安定。

的确，有能力让人民过上好日子的君主才能算得上是好君主，人民才能够从心里爱戴他、拥护他，乐于执行他的政令；而让人民穷困度日的君王则很难在人民心目中有地位，他的政令也没有人愿意去执行，如此一来，则民穷而国乱。

很多帝王都知道民先富国才强的道理。因此，英明的帝王都善于在造福百姓上下功夫。明朝开国皇帝朱元璋就是一个。

朱元璋从小饱尝生活的贫困与艰辛之苦。他做过放牛娃，后又做和尚，云游四方，以乞讨为生。当连和尚也做不成时，朱元璋只好投奔红巾军，从一个小兵成为起义军领袖。他经历过天灾、瘟疫、战乱，把人民的疾苦深刻于心。所以，新王朝一建立，朱元璋的首要任务就是恢复生产，发展经济，与民休养生息。他说："天下初定，百姓财力俱困，譬如初飞之鸟，不可拔其羽；新植之木，不可摇其根，要在安养生息而已。"为此，朱元璋制定了一系列具体措施：

奖励垦荒。元朝政府灭亡后，蒙古贵族和一部分汉族大地主受到了沉重打击，全国各地特别是北方出现了大量的无主荒地。这些荒地，有的是元朝统治者的官田，有的是蒙古贵族和寺院的土地，有的则是汉族大地主的土地。要发展生产，就需要让流离失所的农民重返故里来耕种这些荒地。洪武元年（1368年），朱元璋下令农民归耕；承认已被农民耕种或开垦的荒地为农民所有，并免除三年的赋税。这就极大地刺激了农民耕种土地的热情和积极性。第二年，他又下令把各城市附近的荒地分配给无地的农民耕种，每人十五亩，菜地二亩，力有余者不限亩数。除此之外，他还想了许多办法奖励垦荒。垦荒的人可以免除三年的徭役和赋税，地方官还要帮助他们解决耕牛和种子等问题。洪武二十七年，朱元璋又规定，在山东、河南、河北、陕西四省，农民在纳税的土地外开垦的土地归个人所有，政府永不征税。据统计，洪武二十六年，全国垦田增长到近八百五十一万顷，比洪武十四年增加了四百八十四万顷，比洪武元年（1368年）增加了四倍。按全国人口平均计算，每人约有耕地近十七亩。大量的荒地被开垦，既恢复和发展了农业生产，又安置了大批的流民。社会安定了，自耕农的数量增加了，历来的土地集中和土地兼并问题获得了缓和与抑制。

实行屯田。朱元璋恢复和发展农业生产的第二项措施是在全国各地实行屯田。屯田有民屯和军屯之分。民屯是将人多地少地区的农民和一部分罪犯迁徙到荒芜空旷的地区去耕种。洪武三年，朱元璋下令将苏、松、嘉、湖农民四千户迁往濠州，发给农民耕牛、种子等，

第四章 以民为天
——管子原来这样说治国之道

并规定三年不征税。洪武四年，他又下令将内蒙古和西北部一带的"沙漠遗民"三万二千余户迁往北平屯垦。洪武十五年，他又下令迁徙广东番禺、东莞、增城等地的二万四千多人到泗州屯垦。这几次移民屯垦规模都比较大，至于小规模的移民次数就更多了。军屯是组织军队耕种土地。在推翻元朝的战争中，朱元璋为了解决粮饷，就下令诸将领带兵屯垦。明朝建立后，政府制定了军屯制度。边疆驻军三分守城，七分耕种；内地驻军二分守城，八分耕种。每个军户给田五十亩，并给耕牛、农具。军户交纳的谷物充作军粮。实行军屯以后，军粮就由当地驻军自行解决。这办法颇有效果，既减少了军费的支出，又减轻了人民的负担。无论是民屯还是军屯，都对恢复和发展农业生产起了积极的作用。

减免赋税徭役。朱元璋主张对农民"取之有制，用之有节"，反对横征暴敛。他领兵征伐时，就三番五次地下令减免赋税。元至正二十七年，朱元璋下令免去太平租税二年，应天、镇江、宁国、广德各一年。夏天，他又下令免去徐、濠、泗等州县租税三年。明朝建立后，于洪武二年，他下令免去中原及北方各地的税粮，以后又多次下令减免各地税粮。同时朱元璋又尽量减轻徭役。明初中书省商议役法，他说："民力有限，徭役无穷，当思节其力，无重困之。民力劳困，岂能独安？自今凡有兴作，不得已者，暂借其力。至于不急之务，浮泛之役，宜罢之。"工部准备抽调苏州、松江、嘉兴、湖州四府民工修浚京师城池，户部侍郎杭琪提出异议说："农村正在种麦，不能违失农时。如服役京师，往返及役作之期必经两月，既费粮食又妨碍农工。然北征军士战袄未备，也要下令制办，宜放宽日期。"朱元璋听后，便不向四府抽调民工，只令制办战袄。由此一例，便知他爱惜民力，是不轻易抽调民工服徭役的。

兴修水利。朱元璋十分重视水利建设，曾抽调大批农民搞水利。洪武初年，他下令各州县官吏，凡是百姓提出的有关水利方面的事情，都要立刻奏报朝廷。据《明史·河渠志》记载，洪武年间大规模的水利建设工程主要有：修和州铜城堰闸；修兴安灵渠，灌溉田亩万顷；发松江、嘉兴民工二万，开上海胡家港，从海口至漕泾一千二百丈，以通海船；开登州蓬莱阁河；泾阳洪渠堰，灌泾阳、三原等地田亩二百余里；修四川都江堰；修崇明、海门决堤二万三千九百余丈，发民夫二十五万；修临海横山岭水闸；修宁海、奉化海堤四千三百余丈；筑上虞海堤四千丈，改建石闸；浚定海、鄞二县东钱湖，灌溉田地数万顷等等。除了修建这些规模较大的水利工程外，朱元璋还特地下令工部，凡是陂塘湖堰可以蓄水泄水防旱防涝的，都要根据地势修治。据洪武二十八年统计，不到两年，全国共开塘堰四万余处，浚河四千余处，修建陂、堤岸五千余处。这些工程建设对发展农业生产是极为有利的。

  经过三十多年的休养生息，社会稳定繁荣，生产发展，天下富足，人民生活安定，人口也大大增加。洪武二十六年，全国人口已有六千万，比元朝人口最多时还多一百多万。这是朱元璋在治国方面所取得的成就。明王朝建国后日益巩固，这与朱元璋恢复生产、发展经济的富民政策是分不开的。

  在知识经济高速发展的今天，"治国之道，必先富民"这一道理表现得更加明显。因为经济是基础，只有人民物质上丰富了，精神生活才会更加充实，社会才会不断走向文明进步；同时，只有民富，才能国强，国家综合国力提高了，才能在复杂多变的国际风云变幻中处于有利地位。富民是为了利民，富民是为了利国。

人和是治国之本

【原典】

上下不和，虽安必危。

——《管子·形势》

【古句新解】

君主与臣民的关系不和谐，即使现在安定，表面安定，也必然会发生危机。

自我品评

管子在此强调了人和的重要意义。上下一心，精诚团结，是国家富强昌盛的重要条件，反之，君臣、百姓各怀一心，互相猜疑，肯定会影响到国事。虽然是暂时或表面上很稳定，但一有风浪，便会发生危险，因此，人和是治理好国家的根本。

孟子也曾说："天时不如地利，地利不如人和。"天时、地利固然重要，但最重要的还是人和。再次证明了上下团结一致，是一个国家、一个集体事业成功的根本保证。

提起人和之重要，就不得不提太平天国因内讧而导致失败的故事，这是一个"上下不和，虽安必危"的典型事例。

清咸丰元年，洪秀全在广西金田发动农民起义。两年后，起义军攻占南京，改称天京，建立了太平天国。太平天国上下团结一心，洪秀全、杨秀清坐镇天京，石达开、陈玉成、李秀成等将领亲临战场冲锋陷阵，数十万起义军英勇拼杀，接连打败强大的清军，取得了军事上的辉煌胜利，在长江中下游地区站住了脚跟。然而，随着势力的不断壮大，太平天国内部却闹起了矛盾。

太平天国内部，杨秀清的地位仅次于洪秀全，被称为"九千岁"。他才干出众，很有军事方略，深得广大将士的爱戴和洪秀全的信任。但是，随着太平天国势力的壮大，杨秀清的私欲也不断膨胀。他仿效天王府建造了豪华的东王府，手下有两万多名大小官员，交给洪秀全的一切奏章，必须由他转呈，东王府成为太平天国政令所出的地方，杨秀清的助手的权力有的都超过了北王韦昌辉、翼王石达开和燕王秦日纲等人。对天王洪秀全，杨秀清也不放在眼里。他时常假借"天父下凡"训斥洪秀全。有一次，洪秀全责罚了一些女官，引起了杨秀清的不满。杨秀清就倒在地上，假托"天父"下凡附在了自己的身上，假传"天父"的旨意，要责打洪秀全四十军棍。韦昌辉等人再三恳求也不行，直到洪秀全当众认错才罢休。

杨秀清的野心越来越大，他想代替洪秀全当天王。咸丰六年夏季的一天，东王府里张灯结彩，鼓乐大作，正在庆祝胜利。突然，杨秀清脸色发紫，大声喊道："天父下凡了。"全府人一听，都知道这时的东王已经是"天父"的化身了，立刻鸦雀无声，跪下听取指示。杨秀清慢腾腾地说："我是天父，快叫你们二兄（指洪秀全）来听训话。"府里的侍从立即去报告洪秀全。洪秀全急忙赶来，跪在杨秀清面前。杨秀清以天父的口吻说："天王和东王都是我的儿子。东王智慧比天王高，功劳比天王大。为什么天王称'万岁'，东王只能称'九千岁'呢？你必须封东王为万岁。这是天意，不得违抗。如若违抗，祸害无穷！"

洪秀全心里明白，这是杨秀清借天父的名义为抬高自己地位而玩

第四章 以民为天
——管子原来这样说治国之道

弄的把戏。他想当场发作，但是又考虑到杨秀清权重势大，一旦翻脸，自己反而要遭殃，就连连磕头说："天父说得很对，东王才大功高，早就应该加封'万岁'。只是加封是件大事，需要选个好日子。等到东王诞辰那天，我一定当着百官的面加封东王为万岁。"杨秀清听后，满心欢喜，便以天父的口气说："好吧，我回去了。"

洪秀全回到天王府，越想越生气："杨秀清逼我封他为'万岁'，岂不是要取我而代之吗？我不除掉他，他就要除掉我了！"想到这里，他就找亲信大臣赖汉英密商。赖汉英也对杨秀清的专横十分不满，赞同洪秀全除掉杨秀清。洪秀全当即亲手书写命令，秘密派人调正在其他地方与清军打仗的韦昌辉、石达开、秦日纲赶回天京，一同处置杨秀清。

韦昌辉这个人非常阴险。他表面上对杨秀清百般奉承，总是夸奖杨秀清见识超群，还谦卑地说："小弟才识短浅，若不是东王指点，哪里懂得这么多道理？"但是杨秀清并不赏识他，从来不让他担任一方面的军事重任，因此韦昌辉对杨秀清非常嫉恨。现在，有了洪秀全的密令，韦昌辉感到机会来了，便立即带领三千亲信部队快马加鞭，趁夜晚悄悄回到了天京，和已经回天京的秦日纲密谋，迅速封锁了通往东王府的道路，包围了杨秀清的住宅。第二天凌晨，韦昌辉率领亲信部队，闯进东王府，杀死了杨秀清，命令部队将在东王府居住的杨秀清家亲属和东王府官员全部杀死。一会儿工夫，东王府内尸体遍地，血流成河。但是韦昌辉还不满足，又借机将杨秀清的五千多名部属和亲戚全部杀死。这些使清军闻风丧胆的太平军将士没有死在敌人之手，却惨死在韦昌辉的屠刀之下。由于城内尸首太多，无法掩埋，韦昌辉就命令把尸首扔到河里。浮尸随秦淮河一直漂流到城外，看见的人都毛骨悚然，不寒而栗。

韦昌辉滥杀无辜，引起了石达开的不满，他气愤地质问韦昌辉："杀杨秀清一个人就够了，为什么株连那么多人？从广西起义的太平军兄弟姐妹，被你杀掉大半，今后如何打仗？"韦昌辉就调集军队，准备杀死石达开。石达开及时逃走，免于一死，韦昌辉就将他一家老少全部杀死。石达开逃到安庆，调集四万军队，要来天京问罪，杀韦昌辉报仇。

洪秀全认识到韦昌辉是比杨秀清更跋扈的人。如果纵容他，不但会威胁自己的地位，还将是太平天国的心腹后患。于是洪秀全命令把韦昌辉、秦日纲连同他们的家属及死党二百多人全部处死，又把韦昌辉的人头割下来，送给石达开。这样，太平天国最有声望的首领，除了洪秀全，就只剩下石达开了，洪秀全就请石达开回天京辅政。

石达开是个很有才干的人，又兴兵讨伐韦昌辉，深得广大将士的拥护。洪秀全看到这种情况，又犯了猜疑，害怕石达开权力大了威信高了，会成为第二个杨秀清。因此他就采取手段多方限制石达开的权力。这引起了石达开的不满。他思前想后，决定分立出走，于咸丰七年夏天，带领十几万精锐部队离开了天京。这使太平天国又一次遭受严重损失。虽然后来洪秀全又起用了一批很有才能的年轻将领，但已不能挽回局面，终于在同治三年失败了。

杨秀清居功自傲，韦昌辉借刀杀人，使太平天国元气大伤；洪秀全乱加猜疑，石达开负气出走，又使太平天国自毁长城。太平天国与其说是被清军打败，不如说是自己打败了自己。由此可见，上下不和必将导致国家败亡。"上下不和，虽安必危"，太平天国失败的教训实在太深刻了。

处理政事要顾全大局

【原典】

凡将立事，正彼天植，风雨无违，远近高下，各得其嗣。三经既饬，君乃有国。喜无以赏，怒无以杀。喜以赏，怒以杀，怨乃起，令乃废。骤令不行，民心乃外。外之有徒，祸乃始牙。众之所怨，寡不能图。举所美，必观其所终，废所恶，必计其所穷。庆勉敦敬以显之，富禄有功以劝之，爵贵有名以休之。兼爱无遗，是谓君心。必先顺教，万民乡风。旦暮利之，众乃胜任。

——《管子·版法》

【古句新解】

凡是君主将要处理政事之时，必须端正自身心志，不违背天时，保持公平合理。把握这三条大纲，就能够保住国家。不能因喜而行赏，不能因怒而杀害。

如果因喜而行赏，因怒而杀害，民怨就会产生，政令就会废弛。政令多次不能顺利施行，民心就会向外。有外心的人民一旦结党，祸乱就开始萌发了。群众的怨恨，不是轻易就能应付的。

做自己乐于做的事，一定要首先看到它的结局。废止自己厌恶的事，也一定要想到它的后果。奖赏敦厚的人以示表扬，赏赐有功的人以示鼓励，晋爵有名望的人以示赞誉，博爱而无遗漏，这才是君主最该用心的。

自我品评

　　管子在此提出了自己对处理政事的观点，他认为政事非同小事，关系重大，身为君主，在处理政事之时，都不能以个人喜怒为出发点，而要以大局为重。

　　管子认为统治者要将自己置身于该有的高度，认清自己的职责，使自己"处理政事之时，必须端正自身心志，不违背天时，保持公平合理"，要"不能因喜而行赏，不能因怒而杀害"，这样才能体现出为官者该有的高风亮节。

　　为官者的思想高度一定要与职位高度同步，行事不能取决于自身的喜恶，而要以大局为重，凡事都以大局为先，将自身的利益得失与喜怒哀乐置之度外，这才是为官者的本分。

　　国与国之间以和平共处为重，作为国君的不能因一时性起就贸然挑衅他国。狂妄自大没有什么好下场，凡事以安定的大局为重才能实现国家的长治久安。

　　战国时期，齐宣王为了扩大疆土，准备攻打燕国。他对百官说："现在诸侯争霸，没有胆量是做不成大事的，我想先攻打燕国，你们看如何？"

　　百官都纷纷表示赞成，只有一人忧虑地说："没有正当的理由就去攻打他国，别国一定会反对我们。如果他们联合起来攻打我们，我们就招架不住了。何况据我所知，燕国并不容易被制服，万一我们出师不利，将会有损齐国的声威啊！"

　　齐宣王不以为然，他认为攻打燕国之事已筹划了很长时间，已是胜券在握，于是不顾这位大臣的劝谏，下令出兵攻打燕国，燕国没有防备，很快就丢了十几座城池。

第四章 以民为天
——管子原来这样说治国之道

这时，主持合纵联盟的苏秦为了制止战争，来到齐国面见齐宣王。苏秦对齐宣王先是拜了拜，然后又表示了慰问。

齐宣王诧异地问道："我打了胜仗，先生前来祝贺我，自然容易理解，可先生为什么要慰问我呢？"

苏秦说："一个人再饿也不能吃有毒的东西，这是因为用它充饥和饿死没有什么区别。燕国虽然弱小，但燕国的国君是秦王的小女婿，齐国这样欺负燕国，秦王能不管吗？为了贪图燕国的几座城池而与秦国结下仇怨，大王就没想到后果吗？一旦燕国和秦国联合起来，齐国就危在旦夕了。"

齐宣王听后点了点头，赶忙向苏秦请教道："我一时冲动酿下如此大祸，现在我该如何补救呢？"

苏秦说："不胆大妄为，凶险的事就会减少许多；知错能改，坏事也能变成好事。大王如果能主动归还侵占燕国的城池，燕国和秦国都会喜出望外，你们三国间就能结成联盟。"

齐宣王接受了苏秦的建议，下令将城池还给了燕国，燕国和秦国果然很高兴，给他送来了礼物以示友好。

身为国君，要做到冷静而周全地考虑事情，很多事并不是表面上那么简单，此时只有把握顾全大局的原则，才不至于陷自己于被动之中。

以大局为重能体现出一个人宽大的胸怀，诸葛亮是一位以大局为重的贤相，他任用南蛮首领的事情就是很好的例子。

诸葛亮平定了南蛮叛乱之后，一改常规，没有留下自己的一兵一卒，而是全部任用当地的一批首领处理当地事务。

很多人对此很是不解，于是纷纷问道："丞相威震四方，南蛮全都臣服了。但是，这些南蛮的本质难改，他们今天顺从，明天就可能反叛，我们应该趁他们投降的机会，委派汉人的官吏治理这些百姓，逐渐从文化上教化他们。十年以后，南蛮就能成为蜀国的良民，这才是上策。"

诸葛亮说道:"今天我让他们自己人任官也是迫不得已啊,如果设立汉人官吏,就要留下军队,而军队留下来,这里又没有足够的粮食,这是困难之一;南蛮刚刚经历了战乱,许多人的家人都战死了,活着的人对汉人必然怀恨在心,如果留下汉人而没有足够的军队保护他们,日久必生祸患,这是困难之二;当地的官吏很多都犯有杀头之罪,他们自知罪孽深重,假使设汉人官吏的话,他们一定会人人自危,很容易产生冲突,这是困难之三。现在我不留一兵一卒,如果南蛮百姓和汉人之间能够相安无事,就已经足够了。"

众人听后无不赞叹诸葛亮的深谋远虑。他这种以大局为重的胸怀也让南蛮的百姓感激不已。可见,图谋大局就是要考虑周全、缜密,只有设身处地为每个人着想,才能确保大事上不失策,小事上不失节。

顾全大局者的眼光都是长远的,他们为了国家更长远的利益宁愿放弃眼前小利的诱惑,徐达就是这样一个人。

元朝末年,朱元璋与元军之间展开了一场决战,朱元璋的军队节节胜出、胜利在握。他对元帅徐达说:"元朝气数已尽,那残兵败将已不足惧,我只是担心顺帝还没有抓到,他会卷土重来啊。"

徐达说:"元军现在士气低落,已无还手之力,一个昏君有何惧哉。我们此时应该把精力放在清剿残存势力上,把他们彻底消灭。"

不久后,元顺帝被朱元璋的军队发现,徐达却在此时下令班师。大将常遇春对此很是不解,但迫于徐达的军令,只好服从。他一见到朱元璋就赶忙说:"徐达故意放走了顺帝,他居心叵测啊,皇上一定要审问审问他。"

徐达知道常遇春参了自己一本,本想前去向朱元璋解释,但听说朱元璋有心杀他,为以防万一,他逃到江中的船上躲了起来。

朱元璋怕徐达背叛自己,于是派人对徐达说自己赦免了他的罪,绝不计较。

徐达还是不肯出面。朱元璋为了消除他的疑虑,亲自登船去见徐达。

第四章 以民为天
——管子原来这样说治国之道

朱元璋对徐达说:"你放走了顺帝,虽然我已答应不治你的罪,但我想听听你的道理。"

徐达说:"现在天下已是你的囊中之物,我不抓顺帝,是为你着想。你若把他捉住杀掉,那些元朝的余孽一定要为他报仇,那时,天下就难以安定了。而且一定会有人指责你心狠手辣,容不下一个亡国之君。我放走了顺帝,正是不想让这些事情发生,有什么不对的呢?"

朱元璋听后赶忙向徐达拜谢,并设宴款待了他。

徐达沉着冷静、思虑长远,而且顾全大局,这是那些急功近利的人做不到的。他的这种为大局不顾个人利益的品德得到了皇帝的认同和别人的信任。

欲取于民则先施于民

【原典】

以天下之财，利天下之人；以明威之振，合天下之权；以遂德之行，结诸侯之亲；以奸侯之罪，刑天下之心；因天下之威，以广明王之伐；攻逆乱之国，赏有功之劳；封贤圣之德，明一人之行，而百姓定矣。

——《管子·霸言》

【古句新解】

用天下的财物来使天下人得到利益，用威力的震慑来集中天下的权力，以实施德政的行动来赢得诸侯的亲附，用惩办奸侯的刑罚来规范天下人的思想，用天下的兵力来扩大明王的功绩；攻取逆乱的国家，赏赐有功劳的臣下，封立圣贤大德之人，展示天子的德行，这样老百姓就会安定了。

自我品评

管子认为想体现出统治者的德行，就要对臣下有所给予，这也是让百姓甘心被统治的前提条件。在这里，管子对统治者与人民之间的关系作了"施"与"取"的分析，告诫统治者，要想在人民那里取得什么，必须先施予人民利益，让人民认识到统治者的深厚德行，从而景仰统治者的品行，乐于受到统治者的管制，如此一来，统治者就有了人民给予的"权"，统治地位也就得到了巩固。所以说，统治者"欲取先施"是非常正确又深刻的道理。

欲取于人必先施于人，施与是收获的开始，一个不懂得施与的人是得不到别人恩惠的。

东汉初期，有个主管长安集市的官员叫第五伦，他为人正直，因此常和那些不法商人发生冲突。他的朋友经常劝他说："天下欺诈的事多了，何况是见利忘义的商人呢？你对他们不利，小心他们报复你啊！"

第五伦听后总是笑着说："如果仅仅是为了我自己，我是不会和他们作对的。这些人欺行霸市，坑害百姓，我如果放任他们，上天都不会饶恕我。"

那些不法商人们为了收买第五伦，暗地里给他送去了一份厚礼，送礼的人对第五伦说："只要您点点头，我们商人的日子好过了，您就会富足起来。您现在有权不贪，实在不值啊！"

第五伦听后生气地将那人赶出了门，然后召集那些商人说："我严格约束你们，其实也是为你们着想。你们想想看，百姓都是穷苦之人，生活都很艰辛，你们还骗他们的钱财，这难道不是在作孽吗？一旦有一天他们联合起来，你们就后悔莫及了。"

这番话说得很有道理，但那帮赚惯了昧心钱的商人们根本就听不进去，他们依然是我行我素，坑骗百姓。

第五伦再次召集他们说："我做的事，都是在拯救你们。如果你们执迷不悟，一旦我有所动作，你们可就没有退路了。"

财迷心窍的商人们还是不把第五伦的话当回事，第五伦给他们设下了改邪归正的最后期限，可是还是无人理睬。期限一过，第五伦亲自率人把不法商人一一抓捕，关进了大牢。集市恢复了公平交易，老百姓对第五伦也是感激万分。

后来，第五伦升任会稽太守。当地杀牛祭祀鬼神的风俗盛行，第五伦对此加以劝阻，他对当地人说："牛是种田人的主要依靠，为了虚无的祈福而宰杀它们，真是太愚蠢了。"

当地人认为第五伦对鬼神不敬，不少人暗地里诅咒他。第五伦的朋友对他说："你的初衷是好的，可惜没人相信你的话，这种费力不讨好的事不要再做了。"

第五伦说："身为本地的父母官，眼见百姓迷信愚昧，我心有不安呐。我诚心为了他们好，不管他们理解不理解，这事我都要做到底。"

接着，第五伦写了篇檄文，遍发所属的各县，明令禁止杀牛祭祀，违者从重处罚。时间不长，老百姓认识到了牛的重要性和杀牛的错误，这种风俗也就根除了。

后来，第五伦被人诬陷而获罪，在他被押送的路上，当地百姓无不为他喊冤，人人争着向朝廷上书陈述真相。汉明帝得知这种情况后被深深震惊，下诏取消了他的罪名。

第五伦真心为百姓做事，不计较个人得失，他这就是施于民。在他遇到危难的时候，百姓都站出来为他说话，这便是取于民。欲取于民则先施于民，如果不懂得"施"，自然也就不会有"取"了。

没有人喜欢和自私的人交朋友，一个处事大方、事事照顾他人、懂得帮助他人的人才会受到欢迎。自己不愿吃亏、不舍得付出，就交不到真正的朋友。

春秋时期，郑国的子产深受人们的爱戴。他自幼便拥有过人的器量，和别人下棋时，明明是自己赢了，为了不让人难堪，他总是故意认输，人们都很喜欢他。

长大做官以后，子产仍旧是处处让着别人，吃亏的事也从不对别人说。他当上相国之后，还是喜欢把朝廷的赏赐分给众人，他的亲信对他说："你现在没有求助别人的地方，只会别人来求你，你为什么还要讨好他们呢？"

子产说:"没有众人的拥护,我的相国之位怎么能稳固呢?只有众人都来支持我,我才能干出一番大事业啊!"

当时,朝廷有许多暴政针对百姓,百姓对朝廷有很多怨恨。子产建议朝廷废除这些暴政,他对国君说:"国家如果不为百姓着想,只知剥削牟利,那么百姓就视朝廷为仇家了,这样的国家是不会兴旺发达的。朝廷给百姓一些好处,好比放水养鱼一样,国家看似暂时无利,但实际上大利却在后边啊。"

国君听取了子产的建议,让子产制定了许多惠民政策,又让百姓畅所欲言而不加以禁止,郑国渐渐安定起来。

郑国大族公孙氏拥有很高的威望,为了安抚他们,子产格外照顾他们,甚至把一座城池作为礼物送给了他们。子产的下属不解地说:"让国家吃亏而讨公孙氏的欢心,天下人会认为你出卖国家,这个罪名可不轻啊。"

子产微微一笑说:"每个人都有他的欲望,只要满足了他的欲望,我就可以使用他了。公孙氏在郑国有着举足轻重的地位,如果他们怀有二心,国家的损失会更大。我这样做可以促使他们为国效力,对国家并无损害啊。"

郑国在子产的治理下,日益强盛起来。子产为了长远利益,甘愿吃亏,这是他成功的秘诀。正是因为他前期的付出才换得了后来的回报,这是因与果的关系,不容颠倒。

有些看似办不到的事情,只要肯先施与一些东西,局面往往马上就会改变。这就是利益驱动一切的道理,只有先给予"利",才能有"取"的可能。于人于物都是如此,这也正验证了那句名言:欲取于民则先施于民。

帝王犯错可致天下大乱

【原典】

君有过而不改,谓之倒;臣当罪而不诛,谓之乱。君为倒君,臣为乱臣,国家之衰也,可坐而待之。是故有道之君者执本,相执要,大夫执法,以牧其群臣。群臣尽智竭力以役其上。四守者得则治,易则乱,故不可不明设而守固。

——《管子·君臣下》

【古句新解】

君主有错而不改叫做"倒",臣子有罪却不诛叫做"乱"。如果君是倒君,臣为乱臣,那么国家的衰亡就会坐等着到来。所以有道的君主要掌握治国的根本,宰相要掌握治国的关键,大夫执行法令来管理群臣,群臣则尽心竭力为君主服务。如果这四方面的职守都完成得好,国家就会安定;若有疏忽职守,国家就容易混乱。所以不能不将这些方面明确规定,坚决遵守。

自我品评

在这里,管子强调了帝王乃至为官者之错对于国家的兴亡来说是多么的重大。做官者都是掌握国家大权的人,他们可以一言九鼎,可

第四章 以民为天
——管子原来这样说治国之道

以在人民面前说一不二，他们掌握着国家兴与亡的命脉，如果他们不谨言慎行，哪怕犯下一点点言语上的过错，都将导致国家的败亡。因此管子认为，一个圣明的君王可以使一个衰落的国家迅速强大起来，最终国泰民安。而一个昏庸的君王可以使一个强大的国家混乱不堪，最终灭亡。

国君做出的决策，很多都关系到国家安危和百姓生死，立太子这般重要的事更是如此。国君不能仅凭自己的喜恶去选人，也不能由着自己的性子一意孤行，否则，失败的种子就会埋下。

公元384年，慕容垂僭越王位，自称燕王，封元妃段氏为皇后，慕容垂立其子宝为太子。

元妃劝诫慕容垂说："太子为人从容不迫，但其做事优柔寡断。在和平时期，他必是位贤明之君，一旦社会陷入混乱之中，他就不是临危不乱的英才了。陛下把王者大业托付给他，妾看不出有昌盛美好的远景。依妾之见，辽西、范阳二王，均是贤能之人，陛下何不从他们两人中挑一个来担此重任呢？而赵王麟性情奸诈，为人自负，常有轻慢太子之心，陛下一旦有不测，他必会趁机起事，这虽是陛下的家事，但却关系到国家的前途，陛下应该对此事做一个周密而长远的筹划。"

慕容垂对此不以为然，一意孤行，没有接纳元妃的意见，仍立宝为太子。元妃再次劝谏慕容垂在立太子问题上要慎之又慎，慕容垂反问元妃道："你要我学晋献公父子相互猜疑吗？"

元妃哭泣而退，她对季妃说："太子不善，这是大家都知道的事情，我对朝廷一片忠心，而陛下却把我比作骊姬，我心里很是感到冤屈。太子一旦继位，国家必会灭亡，范阳王气度非凡，他才最适合做国君啊！"

慕容垂去世后，慕容宝继位，他刚一上台就派赵王麟去逼迫元妃说："皇后曾经告诉先王，今主不能继承大统，如今竟然实现了。你竟敢如此诬蔑自己的亲生儿子，真是太不配做母亲了。不如趁早自杀算了，以全段氏名誉。"

元妃大怒说："我自己生的儿子我当然最了解。你们兄弟连母亲都杀，还怎么奢望你们能够保卫国家呢？我不是怕死，只是感叹国家怕不久就要灭亡了，我怕的是对不住国家的百姓啊！"说完，自杀而死。

后来，赵王麟果然作乱，慕容宝被杀，最终范阳王登上了王位。

慕容垂的决策失误造成了国家的混乱局面，甚至导致了儿子逼死母亲这样无道之事的发生。可见，身为国君，就应尽量不犯错，错误哪怕是一丝一毫，它所造成的后果可能也会非常严重。

国君不能等同于常人，国君之错可致天下大乱，哪怕是取笑他人这样的小错。曹共公就是因为取笑别人而导致了亡国。

晋公子重耳因其父献公立幼子为嗣，被迫流亡国外。有一天，他来到了曹国。曹国国君原本不想接见他，但听大夫僖负羁说重耳每只眼睛有两个瞳仁，肋骨合生为一，有异人之相，曹共公马上来了兴致，想亲眼目睹一下。

重耳被曹国驿站的人请入馆中，接待人员只给他准备了些粗茶淡饭，这让重耳非常生气，于是就没有吃。驿站的人又迫不及待地请重耳洗澡，重耳由于连日奔波，身上很脏，于是便进了浴室。就在重耳脱衣准备洗澡的时候，浴室的门突然打开，曹共公领着几个宠臣走了进来，他们争相去看重耳的肋骨，还指手画脚、嘻嘻哈哈。这突如其来的场面让重耳很是难堪，他的手下也是愤怒异常。

僖负羁听说这件事后赶忙去劝曹共公杀掉重耳，否则日后必有大祸临头。曹共公根本就没有把重耳放在眼里，他没有听从僖负羁的建议。僖负羁又让曹共公厚待重耳，曹共公还是不答应。

僖负羁郁闷而归，他的妻子劝他说："我早听别人说过，晋公子重耳将是万乘之主，他身边的随从也都是些可以辅国的将相之才。现在他们处于穷困的境地，可谓是走投无路。如果日后他能返回晋国，一定会把这件事记恨在心的。你若不提前和他结交将来一定会跟着遭

第四章 以民为天
——管子原来这样说治国之道

殃。"

僖负羁觉得夫人说得很对，他派人连夜给重耳送去了金银珠宝和好酒好饭。重耳很是高兴，把饭吃掉了，但把金银珠宝退了回去。僖负羁为此更加敬佩重耳的为人了。

后来，重耳在秦穆公的帮助下回到了晋国，并当上了国君，这就是后来的晋文公。他即位三年后，起兵攻曹，以雪前耻。最后，曹共公被抓，曹国随之宣告灭亡。

曹共公身为一国之君却不行国君之事，他为了满足自己的好奇心不惜侮辱别人的人格，他的这种不合礼度的行为最终得到了应得的报应。

由以上两个史例可以看出，君王手握重权，不单单是可以享受荣华富贵，同时也肩负重大的责任。身为皇帝，不仅要勤于政事，心系黎民百姓，还应该谨言慎行，因为，帝王犯错可致天下大乱。

亲贤人，远小人

【原典】

"臣愿君之远易牙、竖刁、堂巫、公子开方。夫易牙以调味事公，公曰：'惟蒸婴儿之未尝。'于是蒸其首子而献之公。人情非不爱其子也，于子之不爱，将何有于公？公喜内而妒，竖刁自刑而为公治内。人情非不爱其身也，于身之不爱，将何有于公？公子开方事公，十五年不归视其亲，齐卫之间，不容数日之行。人情非不爱其亲也，于亲之不爱，将何有于公？臣闻之，务为不久，盖虚不长。其生不长者，其死必不终。"

——《管子·小称》

【古句新解】

"我希望您能远离易牙、竖刁、堂巫和公子开方。易牙以善于烹调来侍奉您，您说只有蒸婴儿没有尝到过，易牙就蒸了他的儿子给您。按理说人没有不爱自己的子女的，易牙却对自己的儿子都不爱，怎么可能爱您呢？您喜好女色而又好嫉妒，竖刁就阉割自己为您管理内宫。按理说人没有不爱惜自己的身体的，竖刁对自己的身体都不爱，又怎么可能爱您呢？公子开方为了服侍您，十五年都不回家去探望亲人，而齐国与他的家乡卫国仅隔几天的路程。按理说人没有不爱自己的父

第四章 以民为天
——管子原来这样说治国之道

母亲的，公子开方连自己的父母亲都不爱，怎么可能爱您呢？我听到过一句话，叫做伪不能长久，作假不能长远。活着不做好事的人，一定不会得好死的。"

自我品评

此段贤文是管子劝导齐桓公要远离奸邪小人的临终忠言。管子告诫齐桓公小人误国，必须远离他们。最初桓公听从了管仲的话，废掉了那四个奸邪小人的官职。后来却因为没有坚持到底而让奸邪小人有了可乘之机，最终丧命失国。如果桓公能够清醒到底，认清圣贤与小人，亲近圣贤远离奸邪小人，那么，是绝对不会有丧命失国的那一天的。因此，身为君王一定要亲贤人远小人。

俗话说，"近朱者赤，近墨者黑"，无论地位高低贵贱，任何人都会或多或少受到身边人的影响，与圣贤之人在一起，则会受到不断的教诲与鞭策，端正品行并得到很大的帮助；与奸邪之人相亲近，则可能会变得心念不端正，或者深受其害。

桓公因为有管仲和鲍叔牙辅佐而称霸诸侯，又因为受易牙、竖刁、堂巫和公子开方的谋害而丧命失国，这就是最好的说明了。

亲贤臣者明，近小人者昏。古代很多名士都很推崇这个理论。扁鹊就曾对此做过论述。

秦武王有次染病，请扁鹊前来医治。扁鹊给秦武王检查一番后提出给他动手术治疗。朝中的一位大臣这时站出来说："我们大王的病处，在耳朵前面、眼睛下面，动手术不一定就能好，弄不好还会耳聋眼瞎。"

武王听到这话后心里有些担心，他问扁鹊可不可以不做手术。扁鹊气愤地把医具扔到地上说："大王跟懂医术的人商量治疗的方法，却又轻信不懂医术的人的话，这就好像是大王听不进忠言，而对小人的流言却是言听计从，大王以此来治理国家，迟早会被小人坏了大事啊?"

在朝廷做事,对于身边的小人要严加防范,千万不要被小人的花招迷惑了眼睛。只有认清小人、远离小人,才能避免祸患。

孙膑就是因为没有看清楚庞涓的真面目,才落得个被他惨害的下场。

孙膑和庞涓是春秋时期鬼谷子的学生。两人在鬼谷子指导下,文韬武略无所不精,成为当时的两大奇才。但庞涓为人心浮气躁、好胜心强,容易对别人产生嫉妒之心。而孙膑则谦虚好学、待人宽厚。

当时,韩、赵、魏三家分晋。其中魏国势力最为强大,魏惠王野心勃勃,意欲称霸天下。他四处招贤纳士、收拢人才。庞涓得知后迫不及待地提前下山投奔了魏国。在魏国,庞涓深得魏惠王器重,被封为大将军。他把学来的本领全部用在平日训练兵马上,在与卫、宋、鲁、齐等国的交战中,他的军队屡战屡胜,因此,他在魏国赢得了威望。

不久后,孙膑学成下山。听说魏惠王礼贤下士,很有仁德,于是也来投奔魏国。庞涓知道后对魏惠王说:"孙膑是齐国人,我们如今正与齐国为敌,他此次前来,恐怕别有用心。"

魏惠王说:"依您之言,外国人就不能用了吗?古人说用人要不拘一格,我不能因为他是齐国人,就错过这位贤者啊!"魏惠王便隆重地接待了孙膑。

在与孙膑的交谈中,魏惠王发现孙膑比庞涓更有将才。于是,想拜孙膑为副军师,协助庞涓统军。庞涓得知后忙对魏惠王说:"孙膑是我的兄长,才能又比我强,岂能在我手下做事?不如先让他做个客卿,等他立了功,我再让位于他。"孙膑以为庞涓这是一片真心为自己着想,对他十分感激。

庞涓怕自己的前途受到影响,他总想着让孙膑回到齐国,有一次他试探性地问孙膑:"你怎么不把家里人接来同住呢?"

孙膑答道:"家里人非亡即散,哪里还有人可接呢?"

第四章 以民为天
——管子原来这样说治国之道

庞涓听后心里不禁一沉，如果孙膑真在魏国长待下去，自己的地位可真是岌岌可危了。

后来，孙膑在齐国的朋友给他写信让他回齐国。孙膑回信说自己是魏国的客卿，不能随便走。结果信被魏国人得到了，报告给了魏惠王，魏惠王问庞涓如何处理此事，庞涓连忙说："孙膑是个奇才，如果经不住他朋友的劝说回到齐国，对魏国是非常不利的。我先去试探一下，如果他真心留下也就罢了。如果他有离开之意，那就交给我处理吧！"魏惠王答应了。

庞涓到了孙膑处，直接问孙膑道："听说你收到一封从齐国写来的信，为什么不回去看看呢？"

孙膑说："只怕不妥。"

庞涓说："你放心回去好了，我会向大王解释的。"孙膑听后很是感动，第二天便前去向魏惠王告假。

魏惠王不知真相，以为孙膑要回齐国效力，一时气愤难当，命庞涓来审问他。庞涓假装仁义，先放了孙膑，又假意前去给孙膑求情。不久后，他神色慌张地回来对孙膑说："我费了九牛二虎之力总算把你的命保下来了，但大王说黥刑和膑刑却不能免除。"接着，庞涓让人在孙膑脸上刺字，剔了他的膝盖骨，孙膑被弄成了终身残疾。

孙膑胸怀大略且为人正直，但是缺乏自我保护意识，轻信小人，结果惹祸上身，可见，对于那些奸邪的小人，只有敬而远之才能保全自己。保全了自己，等到合适的时机再把小人搞垮也为时不晚，这才是智者的策略。

贤者和小人是不能相容的两种势力，两者就像是水与火的关系一般，在皇帝面前，这两种势力此消彼长。皇帝亲近贤者，小人自然就会受到冷落，反之，皇帝偏爱小人，贤者就没有了立足之地。凡是圣明的皇帝都会尽可能地去亲近贤者，因为只有这样才能国富民安。

由此可见，要想使国家长治久安，君王为官者必须亲近贤者而远离奸邪小人，这才是治国大计，黎民的福气。

第五章 任其所长
——管子原来这样说用人之道

古代君王成事，离不开人才的任用。管仲作为一代名相，能够帮助齐桓公成为春秋五霸之首，不但因为他本身就是个人才，更重要的是他会用人、能用人。"夫争天下者，必先争人。"管仲重视人才，但从不滥用人才，他坚持公正选拔、因才适用，齐国因此而强大，后人也纷纷从中吸取他用人的智慧。

第五章 任其所长
——管子原来这样说用人之道

人才为本事半功倍

【原典】

我苟种之，如神用之，举事如神，唯王之门。

——《管子·权修》

【古句新解】

我如果注重养育人才，那就会收到神奇的效果，办事有如神助，只有成就王业的人才懂得这个道理。

自我品评

管子告诉我们，无论做什么事情，没有好的人才必是无法成事的，可以说，人才是成事的必要前提。并且，如果以人才为本，往往就能够事半功倍，获得意想不到的成功。

历史上许多君王深知人才对国家的重要，为了得到人才，他们放下架子，不惜用厚礼去相邀名士，亲自登门相请。国家有如此求贤若渴的君王，怎么能不兴盛呢？

商是夏王朝的一个属国，夏王桀荒淫无道，大失民心，而商王成汤广施仁义、礼贤下士，他听说伊尹是个贤能之士，就派人带着厚礼前去相请。伊尹每日躬耕劳作、潜心读书，对做官之事毫无兴趣，他

143

婉言谢绝道："我只是一个农夫，自耕自食，不懂国家大事，请大王另谋良臣吧。"

成汤对此并不灰心，他又派使者带更多的礼物前去相请。伊尹这次感到有些惶恐，但仍然推托道："我只是一个庄稼汉，没有一点功劳，怎么能无故收受商王的礼物呢？"成汤碰了两次壁，仍旧不灰心，他坚信只要有诚意，就一定能打动伊尹。于是，他带着更珍贵的礼品亲自去请伊尹。

伊尹早就听说成汤宽厚仁爱，礼贤下士，现在看到他屈尊前来，不禁深受感动，他决定助成汤一臂之力。

成汤任命伊尹为相，伊尹帮成汤发展农业，屯集粮草，铸造兵器，加紧操练兵马。

公元前711年，成汤联合各路诸侯，兴师讨伐夏王桀。夏王桀被俘，夏朝随之灭亡。各路诸侯推举成汤为天子，建立了商朝。

"精诚所至，金石为开"，为了得到心仪的人才，放下帝王的架子，用诚心去感动对方。只有这样，那些贤才智士才会真心地前来归附，这往往是成就大业的前提。

人才是君王的左膀右臂，没有人才，一个国家就谈不上繁荣昌盛。为了获取人才，历史上有些君主用尽了各种各样的办法，由于他们的诚意，各种人才都愿意为他们效力，商王武丁就是位爱才敬才之人。

继伊尹之后，商朝又出现了一位贤相，这就是傅说。而他的伯乐就是商王武丁。

商王武丁继位后三年不理朝政，他将国家大事委任给手下的大臣处理，而他则趁机观察国内的局势，并四处寻访贤士。他发现奴隶傅说颇有才能，想任他为相，帮助自己治理国家，但是傅说出身卑微，启用他必会招来非议，于是，武丁想出了一条妙计。

一天晚上，武丁入睡后，突然大笑不止，手下人以为他在梦中笑醒，连忙向他道贺。武丁微笑着说："商朝振兴有望了！刚才我梦见先王商汤给我推荐了一个大贤人，名叫傅说，你们赶紧去把他给我找。"

商朝人特别信神，文武百官对武丁的话不敢不信，但是朝上之人竟无人知道傅说是何人。他们便问武丁那位贤士相貌如何，武丁便把傅说的长相讲了一遍，手下人赶忙到各地百姓中寻找去了。不久，有人告诉商王武丁说，在傅岩有个奴隶叫傅说。武丁忙派自己的侍从去察看，果然和武丁说的一模一样，便给他解开绳索，把他带到了宫中。武丁听说傅说来了，急忙迎上前去，大声喊道："不错！这就是我梦见的那位贤士。"

于是让人给傅说脱掉奴隶的衣服，换上一身崭新的衣服，并当即宣布解除他奴隶的身份，拜他为相。

傅说仅用了三年的时间，就协助武丁将商朝治理得井井有条，商朝逐渐兴盛起来。

武丁求才，可谓是处心积虑、用心良苦，他用自己的智慧换来了傅说的相助。事实证明，他的苦心是值得的，正是因为有了傅说的协助，商朝才更快地强大起来。

一个有才能的人，对于国家来说可谓是举足轻重，智慧而贤能的良臣能够救国家于危难之中，而那些庸才只会使人民生活在水深火热之中。唐玄宗深明其理，他就是位视人才为财富的君主。

唐朝时，姚崇文章写得好，在文臣中可谓出类拔萃，玄宗决定拜他为相。

开元元年十月，玄宗正式宣布任命姚崇为宰相，但是姚崇却并不拜谢。到了晚上，姚崇跪拜在玄宗的面前，对玄宗说："我想建议十件大事，如果陛下对这十件事不能实行，那我也就不敢接受任命了。"

接着，姚崇说："这十件事分别是：一、实行仁政；二、几十年不求边功；三、不许宦官干预政事；四、杜绝非正式的入仕途径；五、确立法纲纪网；六、严禁贿赂风气；七、停止建造寺观宫殿；八、要以礼法对待大臣；九、允许直言谏诤；十、限制后妃、外戚干政。"

姚崇的这十条建议是涵盖了政治、经济、军事等各方面的一整套施政纲领。玄宗对这些建议大加赞赏，也更坚定了他重用姚崇的决心。

在玄宗的支持下，姚崇开始了拨乱反正、振兴唐朝的伟大变革，开启了辉煌的"开元之治"，玄宗对姚崇极其信任，放手任用。有一次，姚崇为了一件小事而前去向玄宗请示，玄宗却仰视殿顶，充耳不闻。姚崇不知其故，忐忑地退下堂去。

一旁的大臣问玄宗其中缘由，玄宗说："我委托姚崇处理大事理当共议，小事岂有必要一一相烦。"

姚崇这才明白了玄宗的良苦用心，从此大刀阔斧、当机立断，出色地履行了自己的职责。在他的整治下，朝中充满了开明的风气。玄宗把姚崇的功绩都看在眼里，他深知"以人为本，事半功倍"的道理，因此对姚崇非常礼待。每次姚崇进宫议政，玄宗总是起身相迎，离开时也是送到殿门。

玄宗对人才的重用最终取得了成效，随着时间的推移，开元初期政治逐步清明，"十事要说"逐一得到了实现，由此开创了"开元盛世"的历史性篇章。

人才是国家发展的动力，他们或是精于兵法，或是深谙治国之术，又或是擅长社交，他们推动着社会的进步，为国家和百姓创造着财富。

对于一个国君来说，人才比自己的宝座和江山都重要，没有了人才，一切皆是空，皇位必不长久，江山必不永固。善于使用人才的人才是真正的智者，以人才为本才能事半功倍。

赏和罚都要众人心服

【原典】

将立朝廷者，则爵服不可不贵也。爵服加于不义，则民贱其爵服；民贱其爵服，则人主不尊；人主不尊，则令不行矣。法者，将用民力者也。将用民力者，则禄赏不可不重也。禄赏加于无功，则民轻其禄赏；民轻其禄赏，则上无以劝民；上无以劝民，则令不行矣。法者，将用民能者也。将用民能者，则授官不可不审也。授官不审，则民闲其治；民闲其治，则理不上通；理不上通，则下怨其上；下怨其上，则令不行矣。法者，将用民之死命者也。用民之死命者，则刑罚不可不审。刑罚不审，则有辟就；有辟就则杀不辜而赦有罪；杀不辜而赦有罪，则国不免于贼臣矣。故夫爵服贱、禄赏轻、民闲其治、贼臣首难，此谓败国之教也。

——《管子·权修》

【古句新解】

建立朝廷的规矩，就不可不重视爵位的尊贵地位。爵位如果给了不义之人，人民就会轻视爵位；人民轻视爵位，君主将会没有尊严；君主没有尊严，政令就不能顺利推行。

法是用来驱使人民效力的，使人民乐于效力，就不能不重视禄赏。禄赏如果给了无功之人，人民就会轻视禄赏；人民轻视禄赏，君主就无法鼓励人民；君主无法鼓励人民，政令就不能顺利推行。

法是用来在人民中选拔贤能的，选拔贤能，任用官吏就不能不慎重；任用官吏不慎重，人民就会背离统治；人民背离了统治，下情就不能上达；下情不能上达，人民就会怨恨君主；人民怨恨君主，政令就不能顺利推行。

法是用来决定人民生死的，决定人民生死，刑罚就不可不审慎；刑罚不审慎，就会出现量刑轻重不当的事情，出现量刑轻重不当的事情，就会杀害无辜而放过罪犯；杀害无辜放过罪犯，国家就会出现贼臣发难。

所以，凡是爵位被鄙视，禄赏被看轻，人民背离统治，贼臣发动叛乱的，都是国家失败的政策所导致。

自我品评

赏和罚都要让众人心服，赏才能起到应有的鼓舞作用，罚才能起到应有的警戒作用，天下才能安定。

君臣之间难免出现磕磕碰碰的时候，此时，一个英明的领导者应该公私分明、赏罚有度，这样下属才会心服。如若领导者因个人恩怨而乱了赏罚分寸的话，招来非议就难以避免了。刘邦重赏雍齿的故事就很能说明赏罚公私分明的重要性。

有一次，一群将军聚在一起发牢骚，被刘邦撞见了。刘邦问张良他们都在说些什么。张良只得实说："将军们在议论造反的事。"

刘邦一听大吃一惊，他刚坐上皇帝宝座不久，天下初定，这时候居然有人要出来造反，而且还是自己手下的将军，实在让他想不通。张良说："自陛下斩蛇起义至今，都是靠这些将军出生入死换来的天下。现在，陛下打败了项羽，将军们最关心的就是授予官位和分封土地。可是，陛下分封的都是些自己的亲近之人，而处分的都是那些对您有怨恨的人。现在，将军们既盼着陛下对他们奖赏，又担心土地有限而得不到分封，还有的人因平时得罪过陛下，害怕遭到陛下的处罚，所以这些人才聚在一起密谋造反。"

刘邦一听更加着急了，忙问张良道："事到如今，我该怎么应对呢？"

张良说："我倒是有个办法。陛下告诉我，平时您最恨的人是哪一个？"

刘邦说："我最恨的人是雍齿，此人立下了不少战功，在将士中也很有威望，但他自恃功高，说话不顾君臣之礼，几次让我在大臣面前难堪。我真想把他杀了，以解我心头之气。"

张良道："这就好办了，请陛下马上封雍齿为侯。这样一来，那些有战功而担心陛下处罚他们的人，看到陛下赏赐了最恨的人，自然会消除一切顾虑，也就不会造反了。"

刘邦采纳了张良的计策，当着大臣的面。封雍齿为侯。又让丞相、御史加快封赏其他将士的进度。那些准备起事的将军此时高兴地说："现在什么都不用担心了，就等着陛下的奖赏吧！"

张良的这一计策，平息了这场将要发生的叛乱。可见，论功行赏，公私分明对于一个领导者来说是何等的重要。正所谓过犹不及，如果统治者为了达到某种目的而太过分地对臣子、百姓进行赏罚的话，不但起不到预期的效果，还可能产生物极必反的结果。

楚康王时，楚国大将伍举被人诬告，说是他放走了犯了罪的岳父申公王予牟。伍举害怕无辜受罚，赶紧逃到了郑国。伍举在郑国遇到了好友声子，声子知道了伍举的遭遇，决定帮他一把。

声子来到楚国，见到了楚国的令尹屈建。屈建问声子为什么晋国比楚国强大。

声子说："这是因为晋国的人才多。但是，这人才原本都是楚国人，虽楚有材，晋实用之。"

屈建说："愿闻其详。"

声子说："我听说善于治理国家的人，既不过分赏赐，也不滥用刑罚。因为赏赐过多了，坏人就有可能受益；滥用刑罚，好人也可能无辜受屈。现在，楚国刑罚用的太多了，许多有才能的人冤屈遭罪，迫使他们离开楚国逃到了别的国家，反过来又危害楚国。雍子就是这样一个例子，他被逼无奈，去了晋国，晋国国君赏赐给他不少土地，并让他参与国家大事。彭城那次战役，楚国之所以败给了晋国，就是因为雍子起到了决定性的作用啊！"

屈建听到这里，不禁大惊失色道："看来这滥用刑罚的危害真是太大了！"

声子继续说："伍举是楚国最优秀的人才，可惜被谣言吓到了郑国，现在又逃到了晋国。听说晋国国君要拜他为大夫，还要分封给他土地。若是伍举将来助晋攻楚，楚国恐怕无人能敌吧！"

屈建听后十分害怕，立即派了伍举的儿子前往晋国，把伍举接了回来，伍举重新受到了重用。

赏罚就是一把双刃剑，用好了可鼓舞士气、稳定军心。用不好，则会众叛亲离、陷入绝境。只有赏罚都使众人心服，才算是用好了这把威力无穷的"剑"。

古代帝王之所以对"赏罚分明"四个字格外重视，就是因为他们知道，国家衰亡、朝代更迭，大部分都是和用人不当、赏罚不明有关。通过邓通的故事我们就能体会到赏罚尺度对于掌握大局是何等重要。

邓通最初只是一位在宫中划船的船工，因其长相英俊，处事谨慎机灵，很受文帝的喜爱，逐渐得到了文帝的宠爱。邓通也用尽自己谄媚的本事，时刻陪在文帝身边，文帝对此十分满意。

后来，文帝赐予邓通钱财数十万，并把他升为大夫。有一次，文帝派一位精通相面术的人给邓通看相，相面人看后说："此人当贫饿死。"

文帝不以为然地说："能富通者在我，何说贫？"

于是当即把蜀郡严道的铜山赏赐给了邓通，并允许邓通自己铸钱，一时间，"邓氏钱"流通全国，邓通也从此富甲天下。

第五章 任其所长
——管子原来这样说用人之道

邓通为了让文帝更加宠信自己，更是竭尽全力去侍奉他。文帝有一次生了毒疮，邓通便替他吸吮疮中的脓水，文帝对此十分感动，遂问邓通道："天下之人谁最爱我？"

邓通别有用心地答道："莫若太子。"

此时正巧太子来探问病情，文帝便让他给自己吸吮脓水，太子面有难色。文帝见状，对邓通更加宠爱，而太子却从此恨死了邓通。

邓通倚仗着文帝对自己的宠信，在朝中逐渐无法无天起来，他目中无人、我行我素，甚至对丞相申屠嘉也是很没有礼貌。文帝此时逐渐醒悟，认识到了自己的错误，遂对邓通有所疏远。

后来，在文帝的支持下，申屠嘉设计，狠狠地整治了邓通一次，邓通的气焰才有所收敛。景帝继位后，邓通被免职，并被没收全部家财，邓通最后负债累累、一文不名，寄死在别人家里。

文帝仅仅因为自己喜爱邓通，就对他大肆奖赏，这种只看表面不顾实事的赏罚方法，自然不能使众人心服。小人这种建立在弄虚作假基础上的"功劳"，也不会经受住时间的考验，等哪天露出了马脚，离丧命也就不远了。

用人以德为先

【原典】

是故国有德义未明于朝而处尊位者,则良臣不进;有功力未见于国而有重禄者,则劳臣不劝;有临事不信于民而任大官者,则材臣不用。

——《管子·立政》

【古句新解】

因此在一个国家里,如果有人德义未著称于朝廷而爵位显贵,贤良的臣下就得不到进用;有人功绩不突出于全国而俸禄优厚,勤奋的臣下就得不到鼓励;有人办事不能取信于民而身居要职,有才能的臣下就不会努力。

自我品评

在一些贤君的发掘下,历史上涌现出了一大批忠君爱国之士,他们品德优良、能力出众,为国家立下了不朽功勋。刘温叟就是其中一位。

刘温叟是宋太祖赵匡胤时的大臣,他办事公正、忠于职守。先前他在一次主持科举考试中,录取了进士十六人。有人向皇帝进谗说刘温叟取士不严、以权谋私。皇帝闻言后撤了刘温叟的职,把他录取的十六名进士黜免了十二名。刘温叟虽问心无愧，但也未做任何辩解。

几年后，那些被黜免的人又在后来的科考中相继登第，刘温叟谋私的言论不攻自破。赵匡胤看中了刘温叟的可贵品质，即位后让他出任御史中丞兼判史部铨。

刘温叟一上任就上疏赵匡胤，指出朝廷官制紊乱，任职年限无定，调集无常，造成两京百司，渐乏旧人。为此他建议请司官爵，有其名应任其职，不许寄禄、空设官阶。

有一次，刘温叟工作到天黑才回家，当他走到宫阙前时，见赵匡胤带着宫内数人正准备登启明德门。由于这是皇上的临时安排，因此并未通知有关部门。刘温叟见此，便下令按正式制度传呼皇帝登城过门。第二天，刘温叟就劝告赵匡胤要奖赏将士，体恤下面的辛苦，还应注意减少一些临时动议之举，以免劳军劳民。赵匡胤对此深以为然。

刘温叟为官清廉，为御史十几年，监察郡国行政，考察四方文书计簿，从不接受贿赂。太祖的弟弟赵光义听说刘温叟清廉无私，有意要亲自试探一番，便差人给刘温叟送去钱财五十万。刘温叟对此钱不敢直接拒绝，便让人把钱暂时储藏在西屋，并用封条封上。

到了第二年重阳节，赵光义又派人给刘温叟送去厚礼一份，刘温叟仍是让人置于西屋。送礼人见西屋封钱的封条没动，回去报告了赵光义。赵光义听后感叹不已，对刘温叟不禁心服口服了。

后来，刘温叟因病多次请求告老还乡，赵匡胤都不忍允准，原因是朝廷中一时难以找到像刘温叟这般正直的人，最终刘温叟病死在任上，赵匡胤悲痛不已，当有司奏请赵匡胤任命新的御史中丞时，赵匡胤再三叮嘱道："必得纯厚如温叟者方可。"

古代那些有贤德的君王都是善于用人的高手，他们能够人尽其才的另一个原因，就是因为他们在选人之时就以德为先。在这些有德之士忠心耿耿、鞠躬尽瘁地辅佐下，国家更容易走向强大。因此，用人要以德为先。

为国家举荐人才，事关重大，司马光的荐人原则第一条就是德。的确，做人做官，只有德字在先，才能谈及其他。司马光当上宰相后十分繁忙，他案头文书堆积如山，其中有不少是旧友来信。这些朋友都是他赋闲在家时候结交的，这些人的书信中，大多数都是向司马光讨官的。司马光对其中那些确实贫寒的慷慨接济，对那些有意进取功名的则回信表示鼓励，而对那些阿谀奉承之辈则是置之不理。

有一天，史馆的刘器之前来拜访。谈完公事后，司马光对刘器之说："你可知道，你是怎样进入史馆的？"刘器之赶忙答道："当然知道，若不是您的推荐，我现在还是布衣一个。"司马光又问道："那你可知道我为什么推荐你？"刘器之想了想说："完全是您念旧情。"司马光笑笑说："你说错了，我的故友旧交多了，要是都念旧情，这朝中岂不都成了我的旧友了？"

司马光接着说："以前，我经常去你那里，我们一起谈古论今，各抒己见，有时还会争得面红耳赤。我当时处境不好，你常常宽慰我，想来真是幸事。如今我做了宰相，有好多只是一面之交的人就都来向我要官，唯有你从未给我写信。你并不因为我身居高位而生依附之心，对我仍是一无所求，你这种对失意人不讽，对得意人不捧的作风，正是我向朝廷推荐你的原因。"

从这件事中我们可以看出，司马光的择人标准是以德为先，一个人只要拥有高贵的品德，他的学识就能为国所用，就能被别人所认可。

人才大都会为国所用，而只有那些有品德的忠直之士才会全心全意地为国效力，正因为深知为国荐才的重要性，宋璟在选才方面也非常仔细。

唐朝有一位主管吏部的大臣宋璟，处事一向秉公而行、不谋私利。一次，一位大臣给他拿来一篇名为《良宰论》的文章，对他说："这是范知璿写的，他可是位难得的人才，朝廷应该重用他。"

宋璟看了一遍《良宰论》后对那人说："此文写的很有文采，但是他在文中吹捧我不亚于古代的晏婴、张良、胜过名相魏征、房玄龄。

这就不免言过其实了。他为了讨取我的欢心而不顾事实地溜须拍马，这就是自私自利、为人不实的表观，重用他，他会为百姓做实事吗？"

那人辩解道："范知璿文采出众，他夸赞你也是出于好意，如果因为这个而浪费了一个人才，谁还会说你好呢？"

宋璟认真地答道："别人如何说我并不重要。重要的是我不能让私心太重的人做官任事，他们的品德不好，有才又有什么用呢？"宋璟的叔父宋元超找到吏部，请吏部给他安排一个官职。宋璟知道后，马上给吏部写了一封书信，让吏部不要关照宋元超，他对别人说："为国选贤，谁也不能存有私心，否则就是害国害民。"

宋璟兢兢业业，政绩卓著，他始终坚持选人以德为先的宗旨，他在任期间，为国家甄选了一大批能人智士，后人将他与房玄龄、杜如晦、姚崇列在一起，称他们是"唐代四大名相"。

宋璟之所以得到后人的崇敬，是因为他能把国家和人民的利益放在首位，并且以身作则，德字为先，这就为社会树立起一种正直之气。

纳才任贤事关重大

【原典】

是以为人君者,坐万物之原,而官诸生之职者也。选贤论材,而待之以法。举而得其人,坐而收,其福不可胜收也。官不胜任,奔走而奉,其败事不可胜救也。

——《管子·君臣》

【古句新解】

所以做君主的,就是掌握万事原则、授予众人职事的人。选拔贤能,评定人才,还要按照法度来对待。用人得当,可以坐而得福,好处收不尽。如果官吏不能胜任,即使卖力奔劳,也会坏事而难以补救。

自我品评

纳才任贤是统治者进行统治的一项基本任务,统治者需要大批的人才去协助其治理国家与人民,需要人才去根据他的指示实施其意志,可以说人才是统治者治理人民的重要工具。没有得力的人才,统治者的思想就无法得到很好的传达,命令也无法得到很好的执行,那么其统治也就不可能成功。

另一方面,统治者还要能够对人才予以正确的管理和使用,管理

第五章 任其所长
——管子原来这样说用人之道

时要"端正自己的道德",不要弄自己的聪明而要让人民发挥他们的聪明才智,对臣下职责范围内的事不滥施干涉等。统治者能否做好这些,是成事与败事的决定因素。

人才是国家最宝贵的财富,如果君王能有良将贤相辅佐,那就是如虎添翼、如鱼得水。反之,如果君王身边没有能人给自己出谋划策,就如失去左膀右臂般做事不能得心应手。明智的君主都懂得人才对自己、对国家以及对人民的重要性,因此他们都千方百计地招揽人才,为了得到人才,甚至不惜放下自己的威严。

秦穆公就是个非常重视人才的人,他重用百里奚的故事,就是很好的证明。

春秋时期,晋国欲攻打虢国,而晋国要想到达虢国必须经过虞国,晋国遂派人给虞国送来了厚礼请求借道。虞国国君贪图晋国的礼物,答应了晋国的要求。晋消灭虢国后,又回过头来消灭了虞国,虞国的国君和大夫百里奚都被俘虏了。百里奚被俘虏后不甘心忍受晋国的屈辱,晋献公就把他作为女儿的陪嫁奴仆送往秦国。

在去秦国的路上,百里奚趁人没有防备,逃到了楚国苑县,被楚国当成奸细抓了起来,派他去看牛喂马。后来秦穆公发现少了一名陪嫁的奴仆,仔细查问后,才知道是具有才能的大夫百里奚,于是想用重金把他赎回来,但又怕楚国的人知道他有才能而不给。于是就派使者去对楚人说:"我夫人陪嫁的奴仆逃到了你们那里,我愿意用五张羊皮,把他赎回来。"

楚国的人同意放回百里奚,当时百里奚已经七十多岁了,回到秦国后,穆公亲自为他解开绳子,请他入宫请教治国之道。

百里奚含着泪说道:"我是亡国之臣,哪敢与国君议论天下大事啊?"

秦穆公回答道:"虞国亡国,那不是你的责任,那是虞国国君不重用你的缘故啊。"在秦穆公的再三请教下,百里奚非常感动,他和秦穆公畅谈了三天,秦穆公非常的高兴,封他为宰相,授其大权。

157

有一天，百里奚对秦穆公说道："我有一个朋友蹇叔是治国的人才，我的才能都不能和他相比，只是他一直都没有被人重视。过去我在齐国要饭的时候，是蹇叔收留了我。我曾经想为齐国效力，遭到他的劝阻，我才幸免于难。我又到了周国，周王子很喜欢养牛，我就为他养牛以接近他。当周王子想任用我时，蹇叔又来阻止，我就离开了，这又避免了杀身之祸。跟随虞君时，我没有听他再一次的劝说，结果当了俘虏。从这事情上来看，蹇叔是一个非常有才能的人。"

秦穆公听后非常高兴，马上派人带上丰厚的礼物去请蹇叔，并拜他为上大夫。

秦穆公积极大胆地任用贤臣，关键是他有爱才之心。为了求得贤才，他想尽办法用羊皮换来百里奚，经百里奚举荐，又请蹇叔为其效力。

秦穆公能客观公正地认识人才、分析人才、使用人才，是值得我们学习和借鉴的。秦国的日渐强大也足以体现出纳才任贤的重要性。

正因为纳才任贤事关重大，燕昭王对于人才的寻求达到了爱"才"如命的地步。燕国在他统治期间逐渐走向鼎盛，这与他广招天下贤才的策略是分不开的。

姬职，公元前311年继位，战国时期的燕国国君。在当时，燕国在战国七雄中是最弱小的一个。公元前314年，燕国国君哙让位给燕相之子，在国内引起骚乱。齐宣王趁机发兵，杀死燕王哙，占领了燕国。

燕国人民不甘心亡国，就努力反抗，最后把齐国人赶走了，并找回了燕太子姬职，立他为燕王。燕昭王即位之后，与百姓同甘共苦，以卑身厚币招贤纳士为治国方略。经过二十多年的努力，燕国终于变成了强国。

燕昭王刚即位时，连年战乱，民不聊生，他立志复兴燕国，等待复仇雪耻。但是他深知，要治理国家，首先必须广招人才，有了人才，才能百废俱兴。

第五章 任其所长
——管子原来这样说用人之道

燕昭王得知有位德高望重的名士叫郭隗，就前去请教他招贤之策。

燕昭王问道："先生，齐国趁我国之乱，攻入我国，抢走我们的财宝，使得社会混乱不堪。但现在我们国家还势单力薄，国破民穷，还没有办法马上报仇。我想先招一批有真才实学的人和我一起治理国家，改革政治，等实力强大以后再向齐国讨还血债。请您指点我，应该从哪里着手呢？"

郭隗没有直接回答他这个问题，而是先从有什么样的国君就有什么样的臣子谈起，讲起了君主重才的道理。

他说道："能成大业的君主，总是与可以做自己老师的人在一起；能行王道的，总是和自己的良友在一起；亡国的君主，他身边一定有趋炎附势的奴才。我认为，一国之君，是否能招来贤士，完全取决于他能否对人以礼相待。只有礼贤下士的君主才能招揽到治国之才，在用人上千万不可盛气凌人。"

昭王听了非常高兴，急忙问道："依您看，我眼下应该尊重谁？该拜谁为师呢？"

郭隗说："古时候，有个君王想买一匹千里马，买了三年也没有买到。最后，他手下的人花了五百两黄金买了具马骨，这个君王很困惑，手下的人对他说：'您就等着吧，马骨都用五百两黄金买，何况千里马呢？天下有千里马人的一定能找上门来的。'果然，不到一年时间，那个君王就得到了千里马。"

昭王明白了郭隗的意思，郭隗是说，要想得到贤才，应不惜重金，并以礼相待方可。

郭隗说："您如果真的想得到贤才，就先从我身上做起吧。让天下人都知道，像我这样没有大才的人都能受到您的尊重，何况那些才能超过我的人呢？这样，有才之士就会来找您了。"

燕昭王觉得郭隗讲得非常在理，马上就给郭隗盖了一座宫殿，举行了一个隆重的仪式，亲自请郭隗住进了宫殿。从此以后，燕昭王就把郭隗当成老师那样，每天都去探望他，经常当面向他请教问题。他还按照郭隗的意见，建了一座"黄金台"，里面堆的都是金子，专门用来招贤纳士。

很快，燕昭王爱贤、招贤的美誉就传开了，很多人都从四面八方纷纷来到了燕国。这其中就包括当时著名的阴阳五行家邹衍。邹衍研究天人之理，著书五十六篇，是位很有影响力的人物。邹衍先后游历列国，都受到了很高的待遇。当年，魏惠王亲自迎接他，尊他为贵客；赵国的君王，侧着身子走过来欢迎，用衣袖抹去他座位上的尘土。燕昭王听说他要来，便早早地等候在城外，看到邹衍，燕昭王用衣服袖子裹着扫把，为邹衍清扫道路。

邹衍入座时，燕昭王把他请到了老师的座位上，自己却坐在弟子的位置上。为了表示尊敬，燕昭王还特意为他盖了座宫殿，其礼遇的隆重比魏王他们有过之而无不及。每次燕昭王有事，总是先到邹衍的住处，登门请教。

燕昭王卑身求教的精神，使邹衍深为感动，邹衍于是就在燕国长期住了下来。这件事在有学识的人当中引起了很强烈的反响。很快，魏国乐羊之后乐毅也应招来投。乐毅是名将之后，他精通兵法、才学出众，是难得的人才。听说燕昭王能"屈身下士"。便前来拜见，他果然受到了隆重的接待，被任命为亚卿，后任讨伐齐国的上将军。

燕昭王执政期间，严明法纪、加强练兵、笼络民心。他兢兢业业奋斗二十八年，燕国终于强大起来。

在燕国强大的同时，齐国因君王昏庸而走向衰败，为燕国讨伐齐国创造了良好的时机。在行动之前，燕昭王前去请教乐毅，乐毅建议道："齐国虽然衰败，但地大人多、实力雄厚，不宜单独攻打。大王想攻打齐国就必须联合其他国家，才能取胜。"

燕昭王采纳了他的建议，遂联合五国之军，由乐毅率领，在济水西岸大破齐军。这时，其他四国将领因打了胜仗，也占领了齐国的几个城池，心满意足地驻扎下来。只有乐毅率领的燕国军队乘胜追击，杀死齐王才算罢休。

第五章 任其所长
——管子原来这样说用人之道

乐毅出征半年，就占领齐国七十多个城池，只剩下两个城池还没有攻克。为了笼络民心，乐毅采取了济民安良的政策，很得人心。但乐毅的胜利引来了小人的嫉妒，燕国的大夫就乘机唆使太子在燕昭王面前进谗言道："齐王已经死了，齐国就剩下了两个城池，他半年就能打下七十多座，他是不是故意的？听说他怕齐民不服他，还去感化他们，时间一久，他不就能称王了吗？这样的人不能留啊。"

燕昭王一听大怒，不但骂太子忘恩负义，还打了二十大板，他说道："先父的仇都是人家给报的，你不但不感激，还污蔑人家，就算人家当上齐王也是应该的。以后你要再听信谗言，我决不饶你！"打了太子之后，燕昭王令使者去齐国拜见乐毅，并立他为齐王。乐毅非常感动，但他对齐王之封宁死不受。于是燕昭王就改封他为昌国君。

可以说燕昭王把礼贤下士之术发挥到了极致，他真正把人才当作最为珍贵的财富来看待，而正是由于他的这种敬贤之德，才使燕国越来越强大起来。

曹操也是个礼贤下士的人物，他在用人方面宽宏大量、虚心纳谏，因此，当时有许多能人智士投靠他，这为他一代霸业的成功创造了良好的条件。

在曹操发兵攻打袁绍之前，曾到泰山的庙里去拜访高僧，询问中原有哪些贤人能士。老和尚没有明说，只给了他一个锦囊并对他说道："你驻扎中原，如果有人来骂你，你就打开这个锦囊。"曹操藏好锦囊，率领大军杀到了中原。到了许昌之后，发现这里是藏龙卧虎之地，就在这驻扎了下来。曹操的堂弟曹仁，带着几个兵私下抢掠，弄得百姓人心惶惶。三天后，四个城门都贴上了帖子，上面写着："曹操到许昌，百姓遭了殃；若弃安抚事，汉朝难安邦。"落款还有名字："许昌荀彧"。

曹操得知此事后大怒，此时他忽然想起了僧人给他的锦囊，忙打开来看，只见上面有一首诗，写道：

开口就晌午，日落偏月上。

十天头长草，或字三撇旁。

才过昔子牙，谋深似子房。

曹操才智过人，一下子就明白了诗中所指，诗中说这个有子牙、子房之才的人就是许昌的荀彧。曹操非常高兴，决心一定要把他请来。

荀彧因为对朝廷不满，一直过着隐居的生活。他听说曹操智勇双全，又十分重视人才，早想来投奔，但又怕不安全，所以才写了帖子，先试探一下曹操。曹操忙派曹仁前去请他，荀彧故意拒绝见客而不出门。曹仁非常生气，回去添油加醋地说荀彧是如何的藐视曹操，还建议把他杀了。曹操生气地说道："杀了他就等于砍了我的肩膀。"

此时正值腊月天，曹操求贤心切，冒着严寒，亲自来到荀彧府第，看见大门紧锁，等了很久，也没有见到人。曹操又到了荀彧的另一个府第。管家说，主人到许昌郊外打猎去了。曹操两次相请都无所获，并没有气馁，请荀彧出山的想法却更加迫切起来。

一天，曹操得知荀彧到祖坟扫墓去了，就备下礼物，前往凭吊。曹操来到坟前，看见一个二十多岁的青年，相貌堂堂，正在专心地阅读《孙子兵法》。忽然一阵风把书吹落了一地。

曹操急忙上前捡起，恭敬地递上，施礼说道："荀公安康？"

荀彧闭着眼睛说道："先生是何人啊？为何到这个地方来？"曹操说："我是曹孟德，来请荀公共扶汉室江山。"

荀彧冷笑道："我就是一个普通的百姓，不懂治国，先生另请高明吧。"

曹操笑道："得知先生满腹经纶，有定国安邦的谋略，我非先生不请。"

荀彧道："就不怕我骂你吗？"

曹操笑着说："只要骂得有理，我不怕骂。"

荀彧又推托说腿上有疾病，不能行动。曹操亲自牵马，让荀彧骑上，荀彧由此被接到了曹操营中。

曹操爱才心切，凡是有才华的人来投奔，曹操都是真诚的欢迎，还常常感到相见恨晚。官渡之战时，许攸弃袁来投奔时，曹操来不及穿鞋，光着脚就去迎接。他对这些人才也是厚待有加，每次都是亲自接见，询问方略、听取建议，以表达自己的敬意。对那些反对过他的人，只要能转变态度，他都能宽大为怀。比如说陈琳，在官渡之战前就为袁绍起草了一篇讨伐曹操的文书。里面列出了曹操的种种罪行，其中有些是真实的，也有些是虚假的，还说曹操的祖父是宦官，父亲曹嵩是领养的，揭曹操的老底，还有人身攻击的言语。

汉代人很看重门第，陈琳骂到曹操祖父，比骂曹操本人还严重。但是，曹操在打败袁绍后，捉到了陈琳，他只是责备陈琳，骂自己也就行了，怎么骂到他祖父头上去了。陈琳赶紧向曹操赔罪。曹操爱才，不但没有杀他，还重用了他。

曹操以坦诚的态度去接纳人才、欢迎人才、使用人才，这些人才能够忠于他的事业。奉献自己的聪明才智，为曹操战胜对手，统一北方，作出了巨大贡献。

纳才任贤是关乎国计民生的大事，一个君主是否能够虚心纳贤，不仅决定着人心的向背，而且还决定着一个国家能否繁荣昌盛。因此，凡是明智的君主都会不惜一切代价地去招徕人才。毕竟，纳才任贤事关重大。

人才不分地域

【原典】

如地如天，何私何亲；如月如日，唯君之节。

——《管子·牧民》

【古句新解】

国君在用人上应该像天地对待万物那样，没有什么偏私偏爱；像日月普照一切那样，具有宽宏的度量。

自我品评

国君要治理好自己的国家，就要有众多的人才辅佐。管子说："不要因为不同姓，就不听取外姓人的意见；不要因为不同乡，就不采纳外乡人的办法；不要因为不同国，就不听从别国人的主张。"因此国君在用人上应该有宽广的胸襟，不能光用自己的亲信，要广泛地选拔人才。既要用自己亲近的人，也要用自己不熟悉的人；既要用本国的人才，也要敢于任用别国的人才。这样才能使国家发展强大。

秦王十年（前237年），秦王嬴政发布命令：所有在秦国做事的其他诸侯国人，必须在规定的时间内离开秦国。秦王嬴政为什么要发布这个命令呢？原来，韩国为了减轻秦国的军事压力，就派了一个叫郑

第五章 任其所长
——管子原来这样说用人之道

国的水利工程师到秦国，名义上是来帮助秦国兴修水利，实际是要借此耗费秦国的人力物力，拖垮秦国。这个秘密后来被秦国发觉，秦国的宗室大臣就对秦王嬴政说，凡是来秦国的诸侯国人，都没安好心，他们不是说客，就是间谍，并不是真心为秦国效力。秦王嬴政听了后，就决定驱逐其他国人，因此下了这道命令。

丞相李斯本是楚国人，因此也在驱逐之列。秦国一天天强大，眼看就要统一天下，现在因为出了郑国这么一个间谍，就把所有的诸侯国人全部赶走，这样做太没有道理，而且对秦国也会造成巨大的损失。于是李斯就给秦王上书，列举了历史上诸侯客卿对秦国的贡献，揭示了驱逐诸侯国客卿造成的严重后果，劝秦王嬴政要有海纳百川的胸襟，继续利用客卿的力量，实现统一天下的大业。

秦王嬴政看了李斯的上书，很受震动，就撤回了逐客令，恢复了李斯等人的官职。秦国国势日益强盛，最终吞并六国，统一了天下。

李斯讲的确实很有道理。在各诸侯国中，秦国偏处西隅。起初的时候，在政治、经济、文化各方面都比较落后，各诸侯国瞧不起它，很少跟它来往，还不时派兵侵夺它的土地。秦国以一个偏僻小国最终统一天下，很大程度上得力于秦穆公、秦孝公、秦始皇这些君主胸怀宽阔，能够广纳天下英才。

周显王八年（前361年），秦孝公即位。他感到秦国外受强邻的欺压，内有贵族的专横，日子很不好过，决心奋发图强，改变国家落后的面貌。为了寻求改革的贤才，就下了一道命令："不管是本国人，还是其他诸侯国人，谁有好办法使秦国富强起来，就封他做大官，赏给他土地。"不久，商鞅从魏国来到了秦国。

商鞅原是卫国的一个没落贵族，他看到卫国弱小，不足以施展自己的才能，就跑到魏国。但在魏国当了好些时候的门客，也没受重用。商鞅正在郁郁不得志的时候，忽然听到秦孝公招聘人才，他决心离开魏国到秦国去。

商鞅到了秦国，托人介绍，见到了秦孝公。他把自己的一套富国强兵的道理和办法给孝公讲了一遍，他说："一个国家要富强起来，就必须重视农业生产，这样，老百姓有吃有穿，军队才有充足的粮草；要训练好军队，做到兵强马壮；还要赏罚分明，种地收成多的农民、英勇善战的将士，都要鼓励和奖赏，对那些不好好生产、打仗怕死的人，要加以惩罚。真能做到这些，国家没有不富强的。"孝公听得津津有味，连饭都忘了吃。两个人议论国家大事，谈了好几天，十分投机。最后，秦孝公决定任用商鞅，实行变法。

变法刚刚开始，就遇到了很大阻力。那些贵族宗室，因为要失去很多特权，就对秦孝公说："商鞅不是我们秦国人，他这样改变祖宗的制度，谁知道他到底安的什么心？"但秦孝公并没有动摇，坚决支持商鞅。由于新法规定增产多的可以免除一家的劳役，因此老百姓都一心务农，积极种田织布，社会财富迅速增加；由于新法规定将士杀敌立功可以升官晋级，所以大家都英勇作战。新法实行了十年以后，秦国成为当时最富强的国家，为后来统一天下奠定了基础。

"泰山不攘土壤，故能成其大；河海不择细流，故能就其深"，一国之主就应该有宽广的胸怀，在用人上不论亲疏远近，广招各方人才，才能使国家更加强盛。

第五章 任其所长
——管子原来这样说用人之道

知人善任者"明"

【原典】

虽有明君，百步之外，听而不闻。间之堵墙，窥而不见也。而名为明君者，君善用其臣，臣善纳其忠也。信以继信，善以传善。是以四海之内，可得而治。是以明君之举其下也，尽知其短长，知其所不能益，若任之以事。贤人之臣其主也，尽知短长与身力之所不至，若量能而授官。上以此畜下，下以此事上。上下交期于正，则百姓男女，皆与治焉。

——《管子·君臣》

【古句新解】

即使是明君，百步之外也是听不见的，隔着一堵墙也会看不见。能够称之为明君，是因为君王善于使用臣下，而臣下也善于贡献他的忠心。诚信会带来诚信，善良能传播善良，所以四海之内都能治理好。

因此，凡是君主在提拔臣下的时候，都要完全了解他的长处和短处，了解他才能的限度，才让他担任职事。贤能的人为君主做事，也能完全认清自己的长短处和能力的限度，再根据实际能力接受官职。

如果君主按这个原则来管理臣下，臣下按这个原则来服事君主，上下以公正来相互勉励，那么天下的老百姓们就都会愿意接受统治了。

自我品评

　　任用人才并非一件简单的事情，任何一个人才都不是完美无瑕的，或许都有其特有的长处与短处，如果统治者任用得当，那么，就可能用其长而避其短，使之发挥最大的效用而不会因短处坏事，这就是"知人善任"了。

　　作为一个统治者而言，能够做到"知人善任"是很有必要的，也是很难得的，把有能力的人都安排在恰当的职位上，这样一来，统治者就多了很多有力的助手，如此又怎愁国家治理不好呢？

　　知人善任不仅能体现出一个君主眼光的过人之处，于国于民也很重要。吴王寿梦就是因为用对了人，才使国家强大了起来。

　　春秋时期，吴王寿梦拥有一支强大的水军，他因此跻身于春秋诸强之列。他试图再组建一支强大的陆军，以实现他称霸诸侯的理想。

　　这时，北方强国晋国因与楚国矛盾激化，便想联合南方的吴国，前后夹击楚国。晋国国君于是派大臣屈巫臣出使吴国。屈巫臣颇有韬略，精通车战、步战的战法，是位颇具实力的将才。吴王寿梦问他道："有什么方法可以击败强大的楚国呢？"屈巫臣回答道："可以与楚国的敌国晋国结盟。结盟可以给吴国最大的好处，那就是晋国可以帮助吴国建立一支懂车战、步战战法的陆军。"

　　吴王寿梦听后很是高兴，当即请屈巫臣留在吴国任军事教官。屈巫臣不敢自作主张，遂回国禀报了晋王。晋王认为帮助吴国训练陆军有利于自己战胜楚国，很爽快地答应了这件事。

　　不久后，屈巫臣带着百名随从来到了吴国。吴王寿梦当即下令吴军将士拜屈巫臣为师，学习陆军作战之法。他告诫吴军将士要像敬重自己一样敬重屈巫臣，如有怠慢者，斩。

　　屈巫臣很受感动，他认真地带领吴兵学习车法、阵法。吴王寿梦还亲临练兵场加以督促。数年后，一支强大的陆军终于建成了。楚国怕吴晋联合，决定先攻打吴国。吴军以屈巫臣所教之阵法果断迎战，在水师的配合下，吴军大败楚军。楚国惊惧吴国的强盛，竟十余年不敢再与吴军交锋。

吴王寿梦重用屈巫臣，为自己建立了一支强大的陆军，使吴国成为春秋中后期的强国之一。

君王选才需要知人，进而才能善任。为国荐才的大臣也是如此，只有了解所荐之人，才能给他保荐相应的职位。可见，这"知人"是"善任"的前提。祁黄羊为国举贤不避亲仇的故事就体现了他的识人之明。

有一次，晋平公问祁黄羊："现在南阳县缺县令，依你看来，谁可以去担任这个职务呢？"祁黄羊毫不犹豫地回答："解狐可担此任。"

晋平公追问道："解狐不是你的仇人吗，你为什么还举荐他？"祁黄羊笑了笑答道："大王您只是问我谁可以胜任南阳县令，并没有问我谁是我的仇人啊。"

晋平公于是委任解狐做了南阳县令。解狐到任后勤勤恳恳地为百姓做事，果然非常胜任。

不久，晋平公又问祁黄羊说："现在朝廷缺少法官，你看谁可以担任这个职务呢？"

祁黄羊仍旧毫不犹豫地回答道："依臣之见，祁午可以胜任。"晋平公这次更加不解地问道："祁午是你的儿子，你推荐他，就不怕别人说你的闲话吗？"

祁黄羊义正词严地说："大王问我谁可以担任法官，并没有问祁午是不是我的儿子。"

晋平公又任命祁午为法官，祁午上任后不负众望，他执法严谨，为百姓除害兴利，赢得了举国上下的赞扬。

孔子后来对此事赞扬道："祁黄羊推荐人才，外举不避私人恩怨，内举不避亲子之嫌，真是大公无私啊！"

祁黄羊为国荐才大公无私是真，但他的识人之明却更加令人赞叹。

这种知人善任的本领真是常人难及。

历史上因识人不深而导致失败的教训比比皆是，赵孝成王因用人不当，起用了只会纸上谈兵的赵括，而使赵国几十万大军毁于敌手。

赵孝成王七年，秦国和赵国之间发生了一场战争。此时赵奢已死，蔺相如也重病缠身，赵王派老将廉颇带兵抗击秦军。

因为赵军一直坚守壁垒不出战，秦国遂派奸细对赵王说："秦国害怕的是赵奢的儿子赵括担任将军。"赵王信以为真，马上封赵括为将以替代廉颇。

蔺相如说："大王凭传闻就封赵括为将，这就像是用胶粘住瑟上的弦柱来弹瑟一样啊。赵括只会读他父亲留下的兵书，不能随机应变，不可重用啊！"赵王不听，坚持任命赵括为将。赵括从小学习兵法，谈论起用兵来，自称天下第一。

当初赵奢对此不以为然，他对妻子说："战争是要死人的事情，赵括说得太轻松了。大王不用他当将领则已，一旦任他为将，使赵军大败的必定是他啊！"如今，赵王果真任命赵括为将，赵括的母亲知道后赶紧来见赵王。她对赵王说："赵括不适合当将领。"

赵王大惑不解地问她原因。她说："当年我服侍赵奢的时候，赵奢也为大将，他亲自捧着食物招待的客人有数十人，所结交的朋友有数百人，大王和王族赏赐给他的东西，他全部都给了军吏和士大夫，从接受命令的那天起，就不再过问家中之事，以全心全意地备战。如今赵括刚当上将军，就朝东坐着接见客人，军吏没有敢抬头看他的。大王赏赐的金帛，他全部自己收藏在家里，还天天留意着买有利可图的田地房屋。大王认为他哪一条比得上他的父亲？所以，我希望大王不要任他为将。"

赵王对这样的劝言还是听不进去，他说自己主意已定，让赵括的母亲退了下去。

赵括替代廉颇之后，对军令进行了全面修改，还撤换了不少军中官员。

第五章 任其所长
——管子原来这样说用人之道

秦王听说后喜出望外，派大将白起率一队人马假装逃跑，实则截断赵军的运粮道路，把赵军分膈成两部分。赵军军心涣散，全军四十多天没有粮食救济。赵括带领精锐部队和秦军搏斗时被杀。赵国几十万大军兵败如山倒，纷纷投降了秦军，残忍的秦军把他们全部活埋了，在这次战争中阵亡的士卒共有四十五万。

赵王明知赵括徒有其表而不顾众人劝谏重用赵括，这是因为在知人善任的环节上出了问题。看来，能知人善任者才能称得上明智。

慧眼识英雄

【原典】

浩浩者水，育育者鱼。

——《小问》

【古句新解】

浩浩然的大水，游着育育然的白鱼。

自我品评

春秋初年，齐桓公（前682年~前643年在位）盛极一时，担当着维护周王室和平定诸侯内乱的重任。周庄王十五年（前682年）春天，齐桓公为平定宋国内乱，召集诸侯在北杏（今山东东阿）集会，宋国竟然没来参加。第二年，齐桓公为谴责宋桓公违背北杏盟约，采纳管仲的计策，派隰朋讨得周天子之命，出兵讨伐宋国。陈、曹二国也申请派军队配合齐国，愿为前锋。齐桓公便派管仲率一军先行，会同陈、曹二国军队。他与隰朋、王子成父、东郭牙等统率大军跟进，约好在商丘集合。战车隆隆，战马啸啸，整齐威武的齐国军队斗志昂扬，意气风发，雄赳赳、气昂昂地开出临淄南门。

管仲有一个爱妾名叫婧，钟离人，"通文有智"。齐桓公好色，每

第五章 任其所长
——管子原来这样说用人之道

出行，必以嫔妾相随。这次，管仲亦让婧跟随。这一天，管仲军出南门，约行三十多里，在狃山见到一个村夫，短褐单衣，破笠赤脚，在山下放牛，正悠然地敲着牛角唱歌。管仲在车上，观察这人气度不凡，便派侍卫拿酒肉慰劳他。这人吃完，说："我想见见相国仲父。"侍卫说："相国的车已过去了。"村夫说："我有一句话，麻烦你带给仲父，浩浩乎白水！"侍卫追上了管仲的车，把村夫的话转述给他。管仲听后一脸茫然，不知道什么意思，就问婧，婧说："我听说古代有一首诗，名字叫《白水》：'浩浩者水，育育者鱼，未有家室，而安召我居？'这个人大概想出来做官吧。"管仲立即叫人停车，派侍卫把那个村夫叫来。村夫将牛寄存到村里的人家后，就随侍卫来见管仲。村夫见了管仲直直地站着，并不下拜。管仲问他姓名，他说："我叫宁戚，是卫国的村夫。倾慕你相国好贤礼士，不惮跋涉至此。无事谋生，只为村人放牛。"管仲试问了他的学问，他都应对如流。管仲感叹说："豪杰辱于泥土，没人引荐，哪有出头之日？我们的君主在后边，不几天就要经过这里，我写封推荐信，你拿着去见我们的君主，必受重用。"管仲当即写了信交给宁戚，然后继续前行。齐桓公大军三日后才到，宁戚像先前一样短褐单衣，破笠赤脚，站在路旁，等着齐桓公。桓公乘车将近，宁戚就拍着牛角，放开喉咙，高声唱了起来：

南山石呀光灿灿，有条鲤鱼长尺半。

生不逢尧与舜禅，短褐单衣破又烂。

从早放牛直到晚，长夜漫漫何时旦？

桓公坐在车里，见路边有人唱歌，听着不大顺耳，便命令侍卫把宁戚叫到车前。桓公一看宁戚，身穿破烂衣服，赤着脚，不堪入目。不过桓公看此人眼里透出一股英气，便问道："你是什么人？"宁戚也不施礼，说道："山村野人名叫宁戚。"桓公见宁戚不叩拜，全然不懂礼节，生气地说："你一个放牛的，怎么敢唱歌讥刺时政？"宁戚说："我唱的是山歌，怎么敢讥讽时政？"桓公说："当今太平盛世，上面天子英明，下面百姓安居乐业。寡人身为盟主，会合各路诸侯，命令没有不遵从的。战必胜,攻必克,尧舜盛世也不过如此!你怎么说'不逢尧舜',又说'长夜不旦',怎敢说不是讥讽时政呢?"

宁戚说:"小人虽是一介村夫,却也听说尧舜盛世,百官廉政,诸侯宾服,天下安定,可说是不言而信,不怒而威,百姓乐业,国泰民康,不愧为太平景象。可今天,王室衰微,纪纲不振,教化不行,风气败坏。君上虽想统一诸侯,但北杏之盟,宋桓公背盟而逃,柯地之盟又受鲁将曹沫劫持。中原各国用兵不息,戎狄不断侵扰,百姓生活在水深火热之中,君上却说是'太平盛世',岂不令有识之士齿冷?"

桓公越听越气,厉声喝道:"大胆匹夫,竟敢出言不逊,拉下去斩了!"侍从人员把宁戚五花大绑,准备行刑。宁戚颜色不变,毫无惧色,仰天大笑,说:"好啊!昔日夏桀无道,杀了关龙逢;殷纣无道,杀了比干;今天齐侯杀了我宁戚,可谓鼎足而三了!"隰朋说:"君上,臣看此人威武不屈,浩然正气,非寻常牧夫可比,一定是个有才能的人,应当赦免。"桓公念头一转,怒气顿消,遂命人放开宁戚,对宁戚说:"寡人不过是试试你的胆略罢了,你不愧为一名壮士。"

宁戚从怀中取出绢书,桓公拆开一看,读道:"臣奉命出师,行至狙山,得卫人宁戚。此人非牧竖者流,乃当世有用之才,君宜留以自辅。若弃之使见用于邻国,则悔无及矣!"桓公曰:"你既然有仲父的荐书,为什么不早呈给我?"宁戚说:"当今之世,群雄并起,列国纷争,不但君要择臣,臣也要择君。君上如果喜听谄媚之言,厌恶直言相谏,那我宁愿死在刀斧之下,也不会把仲父的信拿出来。"桓公大悦,让宁戚上车,同去伐宋。当晚,下寨休军,桓公命令举起火把,要授爵宁戚。

竖刁说:"这儿离卫地不远,不如派人去打听一下,如果确有才能,再封官也不迟。"桓公说:"还打听什么?有雄才大略的人,一般不拘小节。如果一打听,有什么毛病,用起来心里不放心,舍弃他又觉着可惜。疑人不用,用人不疑,这是寡人的主张。"于是在灯烛之下,桓公拜宁戚为大夫,使与管仲同参国政。在接下来的伐宋中,宁

第五章 任其所长
——管子原来这样说用人之道

戚大显身手，只身前往宋国，没费一兵一卒，单凭三寸不烂之舌，说服宋桓公向齐侯谢罪，重新订立盟约。从此宁戚名声大噪，被任命为大司农，成为齐桓公的得力大将。

这段佳话就是"管仲慧眼识英雄，桓公举火爵宁戚"，后世传颂不息。宁戚以哑谜自荐，经管仲引荐，终遇霸主齐桓公，得以大展才华，好比鱼儿回到大海，自由自在。"浩浩者水，育育者鱼"这句名言形象地描述了宁戚当时如鱼得水的情景，因此这句名言也成了一种美好的境界，引起人们无限的向往和憧憬，也激励着人们为此不断奋斗。

用人应扬长避短

【原典】

明主之官物也，任其所长，不任其所短。故事无不成，而功无不立。乱主不知物之各有所长所短也，而责必备。夫虑事定物，辨明礼义，人之所长而猱猨之所短也。缘高出险。猱猨之所长，而人之所短也。以猱猨之所长责人，故其令废而责不塞。故曰："坠岸三仞，人之所大难也，而猱猨饮焉。"

——《管子·形势解》

【古句新解】

英明的君主授官任事时，用人之所长，而不用人所短。所以办事没有不成的，功没有不立的。昏乱的君主则不懂得万物都各有所长和所短，而一律求全责备。考定事物，辨明礼义，本来是人类的所长而是猱猨的短处；爬高走险，则是猱猨的所长而是人类的短处。如果用猱猨的所长来要求人类，那么政令就会失效而责任不能履行。所以说："坠岸三仞，人之所大难，而猱猨饮焉。"

自我品评

世间万物都各有长和短，在用人之时要慎重而正确地对待其长处

第五章 任其所长
——管子原来这样说用人之道

与短处，这是成事的必要前提。

尺有所短，寸有所长，再优秀的人也不可能是完美的，再糟糕的人也有特有的长处。对于优秀的人，如果错用他的短处去办事，那么结果是必败的；换了糟糕的人，如果用他的长处去办事，那么也会成功的。这就是"用人之所长，避其之所短"的奥妙所在。

关于用人扬长避短、适才而用的思想，我国古代的许多政治家、思想家都对此有过论述。

战国时期的齐国名士鲁连子就曾对孟尝君说："善于攀缘树木的猿猴，倘若置于水中，则不如鱼鳖；日行千里的骐骥要论历险乘危，还赶不上狐狸。曹沫奋三尺之剑而劫齐桓公，迫其归鲁侵地，一军不能当，但让他去乡下种地，那肯定不如农夫。因此，倘若弃其所长而用其所短，即便是尧那样的圣贤，也会有所不及的啊！"

在用人适才上，三国时的孙策就做得很好。

史载孙策为人"美姿颜，好笑语，性豁达，善用人。是以士民见者，莫不尽心，乐为致死。"

孙策用人很注重适才而用，他聘请了张昭、张纮，又请来了周瑜，再千方百计说服太史慈来到他的门下效力。接着，他又把吕蒙、吕范、朱然、周泰、陈武等人招来，并把他们安排到了最恰当的职位上。

由于孙策能够适才用人，他的部下人人各司其职、尽忠职守。而在他弥留之际，在继承人的选择上，更体现了他适才用人的高超技巧。

孙策去世前几日，召张昭等人及弟孙权来到床前，孙策说："天下方乱，以吴越之众，三江之固，大有可为。子布等幸善相吾弟。"然后取出印绶给孙权说："若举江东之众，决机于两阵之间，与天下争衡，卿不如我；而举贤任能，使各尽力以保江东，我不如卿。卿宜念父兄创业之艰难，善自图之！"

孙策又对其母说："儿天年已尽，不能奉慈母，今印绶付弟，望母朝夕训之，父兄旧人，慎勿轻怠。"

孙策母哭着说："你弟弟年幼，恐不能任大事，那该怎么办呢？"

孙策答："弟弟之才胜儿十倍，足当大任。倘内事不决，可问张昭；外事不决，可问周瑜。"

说完，孙策又叫来其他诸弟对他们说："吾死之后，汝等共辅仲谋。宗族中敢生异心者，众共诛之。骨肉为逆，不得入祖坟安葬。"

孙策托政于诸臣，把他长期观察了解的孙权选为国君，又给他钦点了诸位辅臣，这是极有意义的举动，也是他视才之明的最直接体现。而孙策在用人上最独特的地方，就在于不管在哪个层次上，都能做到适才而用。

这样做的好处是能够发挥出人才的整体效应，使每个人的才能都能最大限度地发挥出来。他尤其重视高层次人才的任用，对自己认定的人才，他坚持使其职能相称，并对其大力扶植。

实践证明，孙策任用孙权及钦定辅政大臣之举是极其高明的，这一决断，为东吴的发展壮大起到了至关重要的作用，也从另一方面证明了适才用人的重要性。

每个人都有长处和短处，同样一个人，用其长处就是一个巨人，用其短处就是一个矮子。高明的君主都明白这一点，宋太祖赵匡胤成功使用败军之将陈承昭的事例就很经典。

陈承昭本是南唐将领，官至南唐保义节度使，在南唐时期可谓是地位显赫。当时，赵匡胤率领后周的先锋部队攻克泗州后，继续一路东下，与陈承昭统率的军队在淮河地区展开了决战。赵匡胤足智多谋，指挥得当，而陈承昭作战无能，最后被赵匡胤生擒。陈承昭从此身败名裂，他在后周谋得一个右监门卫将军的小官，失去了往日的显赫地位。

宋朝初建，赵匡胤大力兴修水利，开漕运以通四方。然而他手下有勇士三千，谋者八百，却没有一个人精通治水之术。于是赵匡胤四处求贤纳才，物色治水能人。此时，赵匡胤听人说陈承昭对治水很有研究，便派他去督治惠民河，以通汴京南部的漕运。陈承昭欣然赴任，他察看了水势，见惠民河水太小，即便疏通也未必能够可以通航。

第五章 任其所长
——管子原来这样说用人之道

于是，他遍寻水源来补惠民河之水。他通过勘察地形发现郑地地形较高，而郑地西部的河流至郑地后都改向东南流去，如想让这些水流向东北，必须加以疏导。他让民夫将郑地西部的闵水和阏水引至惠民河，使惠民河水量大增，水贯连汴京，南历陈州等地直入淮河，由此沟通了京城与江淮的漕运。

赵匡胤见陈承昭确实是位治水之才，于是在国家的治水之事上重用陈承昭，在疏通了惠民河以后，赵匡胤又命陈承昭前去疏通五丈河。

五丈河与惠民河的相同之处是水少，不同之处是五丈河中淤泥甚多，不利舟行。因此，五丈河除需注水外还得挖泥，无论从工程量上还是从疏通难度上都较惠民河有所加大。

经过勘察，陈承昭发现在汴京的东面，荥阳虽有汴河水东流，但还有京水、索河两条河白白直接流入了黄河。他遂上书赵匡胤，说京、索二水都可以引来注入五丈河，赵匡胤很快准奏。陈承昭于是带人自荥阳向东开渠百余里至汴京，将京、索二水东引入汴京城西，架流过汴河，向东注入五丈河。从此，五丈河水量充足，陈承昭又将水东北引向济州大运河，东北漕运由此开通。

后来，赵匡胤欲平南唐，却顾忌江南水军的威力。此时，陈承昭建议赵匡胤建立一支能打水仗的水师。赵匡胤大喜，命陈承昭亲办此事。陈承昭在城朱明门外凿挖水池，引惠民河之水灌入大池中，在此操练水军。不久后，宋朝拥有了一支强大的水军，南唐很快得以平定。

接着，陈承昭又为宋朝成功治理好了黄河水，两岸百姓对他歌功颂德，陈承昭也越来越得到赵匡胤的器重。

陈承昭在带兵上虽是庸才，在治水方面可谓天才，明智的赵匡胤正是发现了他这一特长，对这个败军之将没有加以全盘否定，而是巧妙地用其所长，结果收到了很好的成效。可见，对人之所长，如果能充分使用，的确能起到事半功倍的效果。

取人之所长是一种用人的艺术，一代天骄成吉思汗把这种艺术发挥到了极致，除了对部下能够扬长避短外，他还能充分借鉴、使用敌人身上的优点，在这方面，成吉思汗可谓独树一帜、常人难及。

几次大规模的战争中，成吉思汗都能够变劣势为优势，除了他能征善战、足智多谋外，善于借用敌人的长处为自己所用也是一个很重要的原因。

成吉思汗对各国的工匠很感兴趣，每次战后，工匠他是一个都不杀，而是把他们带到大漠，让他们从事生产。这是因为当时蒙古生产技术落后，工匠很是稀缺。他让工匠们建造了无数的兵工厂，生产作战武器。

他把俘获的工匠组成一支工匠队，他们各司其职，有的搞建筑、有的制作工具、有的训练技术兵……后人说，这是古代军事史上最庞大的一支独立兵种。

充分使用工匠，保证了蒙古军在武器装备上始终处于世界领先水平，他们有抛石机、连发弩、火焰喷射器，还把汉人的火器加以改进，制成了当时威力最大的火炮。在后来的攻城战中，火炮发挥了很大的作用，火器也在那时传到了欧洲。

成吉思汗善于取别人之长，使几乎是当时最落后的民族掌握了世界上最先进的技术，这不得不称为一个奇迹。

第六章 取之有度
——管子原来这样说理财之道

管仲作为齐桓公的谋臣，他认为，国家的经济需要制定制度，并采取一系列的措施才能让国家强大起来。他告诉我们理财的首要目的即让国家和人民都富裕起来，圣明的君主首先要富国富民然后才能成就霸业。他主张富民即富国，强调国富与民富的统一。

第六章 取之有度
——管子原来这样说理财之道

不患无财，患在理财无人

【原典】

天下不患无财，患无人以分之。

——《管子·牧民》

【古句新解】

天下不怕没有财物，怕的是没有人去管理它们。

自我品评

对于国家来说，理财十分重要。善于理财，即使财货不足，国家也不会出现大问题；如果不善于理财，即使财货丰足，国家也可能会财政困难。王安石曾说过："因天下之力，以生天下之财；取天下之财，以供天下之费。自古治世，未尝以不足为天下之公患也，患在治财无道耳。"这也是强调理财的重要性。

这里我们讲几个《管子》书中记载的管仲理财的故事。齐桓公雄心勃勃，总想早日称霸诸侯，财政开支非常庞大。为了弥补财用不足的问题，他想增加税收，增设房屋税、树木税、牲畜税、人头税四个税种。这遭到了管仲的极力反对。管仲认为：征收房屋税，人们就可能会故意毁坏房屋；征收树木税，人们就可能会砍伐树苗；征收牲畜税，人们就可能会宰杀牲畜；征收人头税，人们就可能会隐瞒人口。不论收哪种税都会引起老百姓的反感，不利于国家的统治。

齐国土地广阔，人口众多，号称万乘之国。但由于一些贵族之家不向国家缴纳赋税，许多人种私田来逃避国家的税收，因此每年所收的赋税却并不多。齐桓公很忧愁，就对管仲说："我们国家，五分的收入我还不能掌握二分，我们空有万乘之国的虚名，而没有千乘之国的实力。这样怎么能够成就霸业呢？"管仲说："这不要紧，只要您下个命令就行了。"于是管仲就俯在齐桓公耳边说了一通，齐桓公听后连连称是。第二天，齐桓公下了一道命令：国家要征发老百姓去边疆地区屯田，但家中存有十钟（古代的计量单位）粮食的可以不用去，存有百钟、千钟粮食的更可以不去。以前各家为逃避税收，都故意隐瞒自家的存粮数，现在为了不去边疆屯田，都纷纷把实际存粮数报告上来。掌握了各家的实际存粮数之后，齐桓公又下了一道命令：国家财用不足，各家除留足口粮和种子之外，要把余粮全部按照平价卖给国家。各家没有办法只好照做。这样，各家仓库中的余粮就全部归国家控制了。这不但保证了军粮的需要，而且还有余粮贷给农民，帮他们恢复生产。

有一年，齐国西部河水泛滥，庄稼没有收成，发生严重饥荒，粮价奇贵，每釜（古代计量单位，十斗为一釜）卖到一百钱；而东部却风调雨顺，五谷丰登，粮食充足，粮价低廉，每釜仅卖十钱。齐桓公想从东部征收粮食救济西部的百姓，但又怕引起东部老百姓的不满，就问管仲应该怎么办。管仲就给齐桓公出了个主意：下令向国中每人征税三十钱，并要求用粮食来缴纳。按照当时的价格，齐国西部的百姓只需每人交三斗粮食就行了，而东部的百姓每人则需交三釜（三十斗）。这样一来，齐国东部的粮食就大量进入国家的粮仓。齐桓公用这些粮食救济西部的百姓，顺利渡过了难关。管仲高超的理财技巧不但用在国内，而且用于对诸侯国的贸易。

齐桓公想要去朝见周天子，但是置办礼物的经费不够，于是就问

第六章 取之有度
——管子原来这样说理财之道

管仲应该怎么解决这个问题。管仲就给齐桓公出了个主意：让齐桓公下令在阴里这个地方修建一座宏伟的城池，要求有三层城墙，九个城门。其实，他是以这项工程为幌子，征召玉匠在阴里这个地方大规模地雕制各种规格的石璧。石璧如数做好之后，管仲就去朝见周天子说：我们国君想要率领各国诸侯来朝见天子，并朝拜先王的宗庙。请您发布命令，要求天下诸侯凡是来朝见天子、朝拜先王宗庙的，都必须带上彤弓和石璧作为献礼，如果不带这些礼物，不允许参加这次活动。

周天子爽快地答应了管仲的要求，并向各诸侯国发出了命令。各诸侯国哪有那么多现成的石璧呀？一听到这个消息，赶忙派人四处求购。齐国乘机把在阴里早做好的石璧拿出来，按不同的规格明码标价出售。于是各诸侯国都带着黄金、珠玉、布帛、粮食来换取齐国的石璧。

结果，齐国的石璧流布于天下，天下的财物则汇集到齐国。齐国因此获得了丰厚的经济收入，不仅满足了朝见周天子的费用，而且满足了国家好几年的财政支出。这个策略被称为"石璧谋"。

周天子财政困难，多次下令各诸侯国进贡，但得不到响应。齐桓公想帮助周天子解决这个问题，就问管仲应该怎么办。管仲给齐桓公出主意说：让周天子派人把长江、淮河之间的菁茅产地四周封禁并看守起来，然后再向天下诸侯下令：凡是随从周天子封禅泰山的，都必须携带一捆菁茅作为垫席。不按命令行事的，不得随从前往。天下诸侯为了能够随从周天子封禅泰山，都争先恐后地到江淮之间购买菁茅。菁茅的价格一下子上涨了十倍，一捆可以卖到很高的价格。这样一来，天下的金钱从四面八方聚集到周天子手中，周天子通过卖菁茅获得了大量财富，七年没有向诸侯索取贡品。这个策略被称为"菁茅谋"。

控制盐铁买卖，调剂粮食流通，"石璧谋"和"菁茅谋"，这些都表现出管仲高超的理财技巧。我们今天搞社会主义市场经济建设，可以从中吸取有益的经验。

见予之形,不见夺之理

【原典】

见予之形,不见夺之理。

——《管子·国蓄》

【古句新解】

给予的情形要显示出来,夺取的痕迹则不要显露。

自我品评

　　管仲在做宰相的时候制定了相关的税收政策,他认为税收是有形的,直接向人民收敛、夺取财物,自然是"夺则怒",会招致百姓的怨恨和不满。最好、最理想的办法是取之于无形,夺之于无影,取人不怨。把税收隐藏在商品里,实行间接征税,使人们看不见、摸不着,且天下乐从,在不知不觉中就纳了税,服了役,而且是人人纳税,无一逃脱,不至于造成心理上的对抗,避免了纳税人或服役人对统治者的不满情绪。可见"见予之形,不见夺之理"是"予"者有形,人皆见之,如减免赋税,赈济灾民,借贷农具、衣物,代民还债等;"夺"则越隐蔽越好,"夺"而不见,可见夺得巧妙。管仲的这种"见予之形,不见夺之理"的隐蔽税收政策,在盐铁官营、粮食专卖等方面表

第六章 取之有度
——管子原来这样说理财之道

现得最为突出。下面我们就来讲几个有关这方面的小故事。

管仲对民众的心理有深刻的了解，他认识到"民予则喜，夺则怒，民情皆然"，就是说，民众都有好得恶失的心理。因而国君在财政予夺操作中，要适应民众这种心理。首先，给予民众之事要做得有声有色。例如《管子·轻重乙》篇中记载，管仲在一次和莱国的战斗前，轰轰烈烈地对将士们搞了一次"预赏"仪式。什么是预赏？就是口头预先行赏，并不马上兑现。管仲先令人在泰舟之野设立祭坛，然后命士兵敲响战鼓，以振军威。待士兵们情绪高涨、气氛热烈之时，管仲对将士们拱手作揖，高声喊道："谁能冲锋陷阵，杀入敌群，就奖励一百两黄金！"喊了三遍，没人回答。有一个人提剑向前，问："带多少人马？"管仲说："一千人马。"那人说："我能行。"于是就赏赐他一百两黄金。管仲又说："兵接弩张之时，谁能抓获敌人的卒长，奖励一百两黄金！"有人问："带多少人马？"管仲说："一千人马。"马上有人说："我能行。"于是又赏赐他一百两黄金。管仲又说："谁能抓获敌人的首领，奖励他一千两黄金！"

这时，群情振奋，有上千人自告奋勇，于是管仲每人奖励他们一千两黄金。还有士兵说能在外围杀敌者，也得到黄金十两。一个上午花光了国家全年的地租收入，高达四万两千斤黄金。齐桓公非常担忧，管仲说："君上不必忧虑。让战士在外荣显于乡里，在内报功于双亲，在家有德于妻子，这样，他们必然要争取好名而图报君德，没有败退之心了。我们举兵作战，攻破敌军，占领敌人土地，那就不只限于四万两千斤黄金的利益了。"桓公听了很赞赏，于是就告诫军中大将们说："凡统领百人的军官拜见你们时，一定要按访问的礼节相待；统领千人的军官拜见你们时，一定要下阶两级来迎送。他们有父母的，一定要赏给酒四石、肉四鼎；没有父母的，一定要赏给妻子酒三石、肉三鼎。"

这个办法实行才半年，百姓中就有父亲告诉儿子，兄长告诉弟弟，妻子劝告丈夫，说："国家待我们如此优厚，若不战死疆场，还有何脸面回到乡里来?"桓公举兵攻伐莱国,在莒地的必市里开战。结果是双方军队旗鼓还没有相望,人数还没有互相摸清,莱国军队就大败而逃。齐军一鼓作气打败了莱国的军队,吞并了莱国的土地,擒获了他们的国君。齐国并没有拿出土地封官,也没有当场拿出黄金行赏,只是预先行赏(当然最后要兑现的),就能使士气大振,一举夺胜,这便是"见予之形"的计策。由于掌握了人的心理,就充分调动起了将士的积极性,极大地提高了将士的战斗力。

其次,在向民众征收赋税的时候要尽量隐蔽,这样民众只感觉得到了利益,而在不知不觉中被夺走了财物,也没有明显地感受到剥削,因而就会与国君感情融洽。管仲的这种"不见夺之理"、取人无怨的隐蔽税收政策,在盐铁官营、粮食专卖方面表现得最为突出。

管仲的理财策略"官山海",是他最著名的经济观点之一。什么是"官山海"呢?"官"同"管","官山海"就是由官府直接掌管山海资源,不使外流,谨慎地制定盐铁政策,实行盐铁官营。

食盐是齐国的特产,又是专有的大宗物资。从财政角度看,食盐很容易成为重要财源,因为它是人民生活的必需品,有多少人口就有多少人吃盐。在盐价中加税,最为稳定而集中,收效最快,阻力最小,而且人人有份。一个万乘之国,有人口一千万。如果交纳人头税,成年人为一百万人,每人每月交三十钱,每月不过三千万钱。如果在食盐专卖中加价,每升一钱,一釜可收入百钱;若每升加二钱,一釜可收二百钱;一钟二千,十钟二万,千钟二百万。一个万乘大国每日可得二百万,一个月就是六千万,比人头税多一倍。没有向任何人征税,就获得了两倍于人头税的收入。这样在食盐中寓税于价,虽然收入增加了一倍,而人民却不觉负担之重,这就是寓税于价的好处。

食盐专卖是以齐国产盐为基础的,但管仲认为,如果齐国不产盐,由其他国家输入食盐,也同样可以实行专卖。让有海洋资源的国家把盐卖给齐国,每釜十五钱购进,官府再按百钱的价格卖出,虽然没有去参与煮盐,但同样可以寓税于价,增加财政收入。这就叫做利用他

第六章 取之有度
——管子原来这样说理财之道

国资源来增加自己的专卖收入。可见管仲是很会谋划的。

铁制器具是农业、手工业、交通运输、纺织、造车、建筑和家庭生产所必需的生产、生活资料。如果把铁业生产控制起来，实行专卖，也是一笔可观的收入。如果一根针加价一钱，三十根针的加价收入就等于一个人的人头税；一把剪子加价六钱，五把的加价也等于一个人的人头税；一个铁耜加价十钱，三个的加价收入也等于一个人的人头税。其他铁器加价照此为准。这样，只要人们一动手干活，就没有不纳税的，谁也逃脱不了。这又是一个"不见夺之理"的例子。

粮食，在自给自足的自然经济生活中，有时起着比货币更重要的作用。它不仅是人们赖以生存的命根子，而且是君主治理国家的重要经济杠杆。"天子籍于币，诸侯籍于食"，就是说，天子是靠掌握货币、诸侯是靠控制粮食治国理财的。平常年景，一石粮食如果加价十钱，每月成年男子吃四石，就等于每月纳四十钱的税；成年女子吃三石，就等于每月纳三十钱的税；小孩吃二石，就等于每月纳二十钱的税。如遇荒年谷贵，买粮每石加二十钱，则男子每月就要向国家多交八十钱、女子六十钱、小孩四十钱。这样，人君并没有下令挨户征税，只是认真掌握粮食物产和储备，男人、女人、大人、小孩就都没有不纳税的了。一人从国家仓库买粮，比十人交人丁税还多，十人从国家仓库买粮，比百人交人丁税还多，百人从国家仓库买粮，也就比一千人交人丁税还有剩余。这就是一种寓税于价、夺之无形的政策。

《管子》的"见予之形，不见夺之理"的隐蔽税收政策，因为它阻力小，见效快，不为人们觉察就人人交了税，因此为历代统治者所接受，成为一种超越时代和社会制度的税收政策。如北宋时期的张方平于仁宗景祐年间写的《刍荛论》（四十六篇），就是充分表达和运用了这一观点进行治国理财的。他认为："（为）人君者……示之以予之形，而不见其夺之理。使民曲之不知其故，而后可以制天下之变，成天下之务也。"在今天的经济建设中，同样有借鉴意义。

君子爱财，取之有道

【原典】

非吾仪虽利不为，非吾当虽利不行，非吾道虽利不取。

——《管子·白心》

【古句新解】

不合我的准则，虽有利也不去做；不合我的常规，虽有利也不推行；不合我的常道，虽有利也不采用。

自我品评

关于财富，永远都有动人的故事，更有许多悲剧。就人类而言，创造更多的物质财富，是人类进步的动力、民族强大的基础。对个人而言，爱财、取财也是发展自身、完善自我的一个重要条件。对于如何致富，古人早就有至理名言：君子爱财，取之有道。

管子曰："非吾仪虽利不为，非吾当虽利不行，非吾道虽利不取。"即是说，不合我的准则，虽有利也不去做；不合我的常规，虽有利也不推行；不合我的常道，虽有利也不采用。管子对利的看法和追求，充分体现了"君子爱财，取之有道"的真义，是值得所有人学习的。

致富、取财的方法多种多样，有巧取的，有豪夺的，有欺骗的，

第六章 取之有度
——管子原来这样说理财之道

有讹诈的，甚至还有杀人越货的，这些多为不义之举，或者叫做"取之无道"。由此看来，在古人那里，由于法律的不完备或者过于宽泛，取财往往需要人的自我约束。所谓"取之有道"，"道"主要是指道德、良心，关乎他人和社会责任。

随着社会的发展，"君子爱财，取之有道"的"道"已包含了两种含义：一是有形之道，一是无形之道。

有形之道，即指法律、规范。随着人们经济活动范围的日益广泛和内容的日益丰富，法律也尽可能详细地规定，人们在经济活动中可以做什么、不可以做什么。这是人们谋求合法财富的最低底线，是取之有"道"。

无形之道，即道德、良心。这种取之有"道"，应该是既讲合法取财，又能以德取财，或兼顾社会责任，这样得来的财富就更能源源不断，流之久远。不过，这种"道"的标准太空泛，没有强制的约束力，主要靠人的品性和自觉程度。

人生在世，安身立命，确实少不了钱财实物，但也不可过分追求。须知钱财乃身外之物，生不带来，死不带走。人生苦短，若专营此事，岂不白白浪费大好时光？所以，人们追求财富都应量力而为，更不可通过不当手段来追逐不当之财。

"君子爱财，取之有道"，是古人留给我们的宝贵的精神财富，它告诫我们取财必须要靠自己的辛勤劳动和汗水，唯有如此，所取得的财富才能对人有益，也才能保存长久。

传说，从前有一个大富翁叫庞太祖，家资万贯，富甲四邻，而且子孙甚多，堪称财丁两旺。

俗话说"钱银是祸乱之源"。庞太祖一生勤勤俭俭过日子，积下了万贯家财，没想到，到了晚年，却被这些家财折磨得坐立不安。原来他除了五个儿子，还有一群孙子，见庞太祖年事已高，纷纷盘算着如何占有那万贯家财。他们虽然不肖，脑瓜却绝顶聪明。大家都无师自通地悟出一个道理，谁的拳头大，金钱就归谁。于是，他们都纷纷暗中赶造大刀长矛等各种武器,准备等庞太祖死后大干一场。庞太祖闻知,十分害怕,他担心日后真的乱起来,岂不家破人亡,人财两空?想来想去,觉得是金银害人。倒不如趁早发落,免得留下祸根。主意一定,他便暗中雇了两个挑夫,把家里的金银挑到山上埋掉。

这两个挑夫都是贪心之人,他们每天挑金银上山,头几天还不在意,可是越挑越心痛。一段时间后,他们人在挑金银,心里却在盘算着如何独吞埋在山里的金银。到了最后,竟互相在同伴身上打主意,终于,有一天,挑夫甲对乙说:"这些日子,我俩挑担很是辛苦,今天,我去集市上买些吃的,慰劳慰劳,你看如何?"乙点头同意。于是,甲便上集市买菜,同时到药店买了毒药,放进煮好的饭菜里,然后提到山上。吃饭的时候,甲把做有记号的那碗饭菜端到乙面前,说:"今早你在山上挖坑辛苦了,请多吃些。"乙也不怀疑,一下子吃了个精光。两人吃了饭,休息了一会儿,乙对甲说:"今早我辛苦了一上午,如今请你先干一会儿,等会儿我继续干。"甲心想:你服了毒药,反正早晚得死。我就先干一会儿,看你怎么个死法?主意一定,他就拿起锄头,动手挖坑。没想到乙也是存心不良,他见甲埋头挖坑,便趁机抄起扁担,朝甲后脑勺上直劈下去。可怜甲还没有弄明白是怎么回事,便一命呜呼了。乙见甲死,方暗喜得计,没想到药性发作,抱着肚子挣扎了一会儿,也倒在上午自己挖的土坑里,与甲一同到阎王爷那里报到去了。这就叫做"人为财死!"

再说到了第二天、第三天……一连几天过去了,庞太祖不见那两个挑夫再来挑金银,怀疑是他们偷偷把金银挑回家里,心想反正自己要把金银埋掉,如今被挑夫挑到家里享用,索性不去追究,"等于做了一桩好事"!因此,挑夫暴尸荒野很久,也无人知晓。直到尸体腐烂。拥有真正财富的人会有积极进取的人生态度;有强健的体魄;有大无畏的精神;对未来充满希望;有良好的人际关系,愿意与人分享自己的成就;有博爱精神,胸襟开阔;有良好的自律性;了解他人并能与他人合作等。所以千万不要像故事中的挑夫一样,在财富中迷失了自我。

第六章 取之有度
—— 管子原来这样说理财之道

奢侈消费刺激经济

【原典】

饮食者也，侈乐者也，民之所愿也。足其所欲，赡其所愿，则能用之耳。今使衣皮而冠角，食野草，饮野水，孰能用之？伤心者不可以致功。故尝至味而罢至乐，而雕卵然后瀹之，雕橑然后爨之。丹沙之穴不塞，则商贾不处。富者靡之，贫者为之，此百姓之怠生，百振而食。

——《管子·侈靡》

【古句新解】

改善饮食、奢侈逸乐是人们的愿望，满足他们的欲求和愿望，就可以使用他们。假使只是让他们身披兽皮，头戴牛角，吃野草，喝野水，怎么能够使用他们呢？心情不舒畅的人是做不好工作的。所以，要提倡吃最好的饮食，听最好的音乐，把蛋品雕画了然后煮食，把木柴雕刻了然后焚烧。丹砂矿产的洞口不要堵塞，使商贾贩运不要停滞。让富人奢侈消费，让穷人劳动就业。

自我品评

中国古代正统消费观念是崇尚节俭，《管子》作者也概莫能外。

在《管子》一书中，尚俭抑奢之说贯穿始终。散见于《禁藏篇》、《法法篇》和《轻重篇》中，就是在《侈靡篇》中，也有不少关于节俭的论述。《管子》有关节制消费的原则有以下论述："明君制宗庙，足以设宾祀，不求其美；为宫室台榭，足以避燥湿寒暑，不求其大；为雕文刻镂，足以辨贵贱，不求其观。故农夫不失其时，百工不失其功，商无废利，民无游日，财无砥土带。故曰俭其道乎？"又："故圣人之制事也能节宫室，通车舆以实藏，则国必富，位必尊。能节衣服，去玩好以奉本，而用必赡，身心安矣。"

主张节俭是《管子》消费理论的主要方面，不过在这一著作中，引人注目的是它的"侈靡"论。《管子》中有关侈靡消费的论述有："问曰：'兴时化若何？莫善于侈靡。'""问用之若何？巨瘗培，所以使贫民也；美垄墓，所以文明也；巨棺椁，所以起木工也；多衣衾，所以起女工也。犹不尽，故有次浮也，有差樊，有瘗藏。作此相食，然后民相利，守战之备合矣。""若岁凶旱水泆，民失本，则修宫室台榭，以前无狗后无彘者为庸。故修宫室台榭，非丽其乐也，以平国策也。"

不难看出，管子既主张节俭又强调侈靡消费，岂不自相矛盾？其实不然。在《管子》中，由于二者有着相同的服务目标而得到了统一。无论是节制消费原则还是侈靡消费主张都落脚在发展和振兴以农为本的社会生产上，都落脚在维护封建统治秩序的稳定上，都遵循着或不违背管子所提出的封建伦理准则。管子指出："俭则伤事，侈则伤货。"意思是说节俭包含着对生产不利的因素，侈靡则造成对财富的耗费。这是从消费对财富生产的影响来说的。从理论上看，节制消费原则和侈靡消费主张就是为了克服这两种倾向而提出来的，此消彼长，互为因果，正好符合了管子体系的道家法统。试想，"侈则伤货"，反其道而行，便不会使财富耗费，这是节制消费原则的理论出发点；"俭则伤事"，反其道而行，便可避免对生产的阻碍，这是侈靡消费主张的理论依据。

第六章 取之有度
——管子原来这样说理财之道

在《管子》中，节制消费原则和侈靡消费主张虽是一并提出，但其适用范围和重要程度却大不相同。《管子》的节制消费原则是针对一般情况下提出的要求，是普遍适用的基本准则；而侈靡消费主张则是在特殊情况下为刺激社会生产而提出的主张，《管子》中有《侈靡》篇专论侈靡消费，这在中国古代具有非常独特的地位，但该篇突出强调的也只限于侈靡消费的政策效应和应用意义，并没有把它当作指导社会消费行为的基本准则。这充分显示了《管子》理论中辩证思维的特色。

《管子》的侈靡消费论是独特的，极具超前性，在先秦时代任何其他学派均无这一观点，它给一味强调节俭消费的传统消费论增添了新的异彩。当我们回顾20世纪时的经济学家们提出通过兴建大量的公共工程来解决工人失业从而刺激消费需求的主张时，似乎从中可以感受到《管子》思想的延续。中国历史上能深知管子侈靡消费理论的当属北宋政治家范仲淹，1050年范仲淹担任杭州知州期间，当地发生严重灾荒，穷人生活陷入绝境。于是他鼓励百姓举行划船比赛，自己整日在湖上宴饮作乐，范仲淹甚至亲自劝说寺院大兴土木，结果在当年受灾的广大地区，只有范仲淹实施侈靡赈灾政策的杭州社会秩序良好，没有发生饥民流徙现象。沈括在《梦溪笔谈》中记载此事说：

宋朝皇祐二年，吴州一带闹大饥荒，当时范仲淹治理浙西，下令散发米粮赈灾。并鼓励百姓储备粮食，救荒的措施非常完备。吴州民俗喜好赛舟，并且笃信佛教。范仲淹于是鼓励百姓举行划船比赛，自己也日日在湖上宴饮。从春至夏，当地的百姓几乎天天都扶老携幼在湖边争看赛船。另外，范仲淹又召集各佛寺住持，对他们说："饥岁荒年工钱最是低廉，正是寺院大兴土木的大好时机。"于是各寺庙住持无不招募工人大肆兴建。范仲淹又招募工人兴建官家谷仓及吏卒官舍，每天募集的工人多达一千人。掌管监察的官员，认为范仲淹不体恤荒年财政困难，竟鼓励百姓划船竞赛，寺院大兴土木，既劳民又伤财，所以上奏弹劾范仲淹。范仲淹上奏说："臣所以鼓励百姓宴游湖上，寺院、官府大兴土木，其用意正是借有余钱可花的百姓，加惠贫苦无依的贫民，各种依靠出卖劳力生活的百姓，能依赖官府与民间所提供的工作机会生活，每天不少于万人。荒年的政治措施，没有比这个更重要的了。"

马克思也曾经说过："没有消费就没有生产。"中国古代社会的生产基本上是消费什么就生产什么，因此在这样的经济条件下，生产与消费有更直接的联系，顾客的消费增加自然会引起生产的增加，而生产的增加不就发展了经济吗？两千多年前的《管子》就触及到了这一经济思想，实属不易。

在中国经济思想史上，由《管子》开其端，提出了重视消费、强调适时侈靡以促进生产的观点。在传统的崇俭黜奢论的烛照下，它不为人们所重视。在现实条件背景下，"侈靡"消费价值的发掘无疑对当今的经济管理、伦理观念的改变都具有很大的现实意义。如何倡导适当高消费、处理好节俭与侈靡的关系既是制定我国宏观经济政策，也是企业进行微观管理的重要问题，而且还会影响到整个社会，对人们的消费观念的改变必将产生深刻的影响。社会主义生产的目的就是努力满足人民日益增长的物质和文化需要，提高人民的消费水平。因此，正确认识消费对生产的反作用，懂得生产和消费不能脱节，提倡和鼓励正常的适度的消费是应当的，也是必要的。

've# 优惠政策吸引外商

【原典】

通齐国鱼盐于东莱，使关市几而不征，市廛而不税，以为诸侯利，诸侯称宽焉。

——《管子·小匡》

【古句新解】

对于来往的货物，无论是几经周转，都免征关税和市税。这无疑会刺激流通，大大有利于齐国人民的富裕和经济的发展与繁荣。

自我品评

齐国只对外商的商品进行登记，以加强管理，根本不收税。齐国两项主要商品——鱼、盐，特准商人自由出口而免上关税。

当时的齐国为外商修道路、建驿站，建立了完备的服务制度，有专门的官员负责外商的吃、穿、住、行，外商来到齐国，享受的是全方位、一条龙的服务。

而且，对外商的服务有制度保证，凡是不按照规定对外商服务的官员，将受到法律的惩处。管仲还注意将外商的贸易量与服务的档次联系起来，建立激励外商的制度。

齐国明文规定，齐都临淄"为诸侯之商贾立客舍"。拉一车货到齐国的外商免费提供饮食；拉三车货到齐国的外商免费提供马的饲料；拉五车货到齐国的外商由政府专门配备可以自由调遣的人员。

另外，齐国还给予了自境外来齐国贸易的商人以很大的便利，30里有一驿站，积储食物供应过路者。

针对管仲在国际贸易中的贴钱赚吆喝的买卖，齐桓公很感痛惜。君臣二人为此还有过交流。

齐桓公："稽而不征，只盘查不法之人，而不收关税和市税，那么不是少了一块收入吗？"

管仲如是说："关税和市税是小额，贸易税才是大头。关市税不但不收，来往的商人还要给他们提供住宿。让点小利，人家才肯来齐国投资。"

管仲说得自信满满的，齐桓公心里还是舍弃不掉关税的事儿。齐桓公担心地问道："仲父所为不会把老本赔光了吧？"

管仲笑道："放心吧，商业市场的繁华必会给我们带来更多利益。国际贸易做大后，齐国还愁没钱花吗？"齐桓公听得将信将疑。

管仲是那个时代第一流的经济学家，自然晓得发展外贸和壮大齐国的工商业力量的重要性。

管仲的话的意思再明白不过了，不妨看看今天的美国，财大气粗后，航母好像不费油似的游弋于四大洋里，就知道要雄霸天下，称雄古今，则财力亦应当富甲天下。

管仲大力发展国际贸易，其中一个很重要的考量，就是藉此满足齐国军用物资急需。

一是通过商人从境外运来齐国所急需的"皮干筋角竹箭羽毛齿革"等军需或珍罕物资，以做到"羽旄不求而至，竹箭有余于国，奇怪时来，珍异物聚"。

二是组织鱼盐出口，从中取得巨大收入。后者尤为重要。在食盐实行专卖后，国家统一掌握货源，自给多余部分即供输出，"修河济之流",把盐"南输梁赵宋卫濮阳"等不产盐的地方,即使在出口时免了商税,因那些地方"用盐独重",盐价特高,由此即可获厚利。

对于其他国家来说,他们就不得不支付更多的盐钱,等于"煮沸水以籍(征税)于天下"。也就是说,从前齐国的财政收入靠齐国老百姓,现在成了外国人来贡献齐国的财政收入了。这是齐国没有向天下的人征税,而天下的人向齐国纳税。

仲父不可谓不高明,通过赔钱赚吆喝的让小利方式使齐国的盐倾销各国,横行天下,垄断诸侯国的盐业经营,挤兑他国国内产业。这样,"用盐独重"的列诸侯国就离不开齐盐,再以盐高价售出,即是变相征税。

一年多后,"天下之商贾归齐若流水"。而诸侯也对齐国繁荣自由贸易市场的努力皆交口称颂,国都临淄那里是人山人海,肩摩毂击,挥汗如雨的景象。临淄城内商业兴旺,国家税收不停翻高,齐桓公这才深信不疑。

投钱做好商业服务和商业基础设施建设,降低贸易壁垒,先天下而为的主动举措,是那些只羁绊于关税些许小利,难窥国际贸易利益汪洋的短视之徒难以做到的,非具真正精明头脑之人不可为之。

宏观调控的经济手段

【原典】

凡将为国，不通于轻重，不可为笼以守民；不能调通民利，不可以语大治。

——《国蓄》

【古句新解】

如果国家不懂得调节经济的轻重，就不能笼住人民；不能合理地调节民众的利益，就谈不上国家的大治。

自我品评

古代，国民经济非常单一，农业生产一直是国民经济的支柱产业。而管仲比其他思想家更高明、更睿智的地方在于，他不仅重视农业生产，也十分重视工商业发展。

他把富民放在首位，以极其敏锐的洞察力看到了一个社会稳定和发展的根源，是首先要解决人们的基本生存。正是这样，齐国一跃成为了最富有的国家，为称霸奠定了雄厚的基础。

鲁国、梁国发展迅速，对霸主齐国构成威胁。齐桓公问管仲："有什么办法搞定这两个国家？"他想打仗又怕破了邻国伤了自己，还

第六章 取之有度
——管子原来这样说理财之道

会丢掉与其他大国之间的缓冲地带。

管仲知道齐桓公的心思，说："鲁梁的老百姓擅长织丝。请您和贵族们带头穿绨的衣物，号召齐国内有钱的人家都去穿进口的绨衣。而且要限制国内工业不准生产。于是鲁梁地主肯定放弃农事，让农户产丝做绨衣。"

齐桓公按计行事，一时间全国流行穿绨衣，在齐国绨的价格大涨。国家可以介入采购。

管仲向鲁梁的商人说："你们给我贩来绨一千匹，我给你们三百斤黄金；贩来万匹，给三千斤黄金。"一下就吸引了鲁、梁二国的商人，他们都把绨运到齐国卖高价以获取利润。鲁、梁两国财政收入大涨，仅从商人处收税就能满足国库开支。两国国君心里暗喜，纷纷鼓励国民产绨。一时间两国贵族生活富足无比。老百姓纷纷放弃种田，养蚕织绨。

13个月后，管仲派人到鲁梁国考察。发现鲁梁国制绨业非常繁荣。大批大批的车辆装载着绨在不断运输出口到齐国来。

管仲说："可以收网干掉这两个国家了！"齐桓公大喜，忙问怎么做。管仲说："我们贵族改穿帛衣（另外一种工艺的丝织品），全国不得穿绨，封闭商道海关，严禁与鲁梁国通商。"齐桓公答应照办。

10个月后管仲派人调查：鲁、梁两国农业已衰败，织绨又卖不掉，赋税绝收，两国老百姓陷入失业后的贫困中，并普遍缺粮。两国君只好令百姓返农。但为时已晚，粮食不能在几个月内就恢复生产，饥饿的人们把种子也吃掉了，陷入恶性循环。于是，鲁、梁谷价暴涨，鲁、梁的百姓从齐国买粮每石要花上千钱（走私），而齐国的粮价每石才十钱。

24个月后，鲁、梁国的百姓纷纷逃荒往齐国，十室六空。民间产业也被齐国商人垄断。

3年后，鲁、梁二国成为齐国的军事附庸和经济殖民地。

管仲非常善于运用经济杠杆，刮起一阵金融风暴，给对方的经济体系造成巨大打击。以现代的眼光来看，他也是一个无比高明的操盘手，很懂得用经济杠杆来左右政治。

管仲的好多经济观念非常新潮。齐桓公九合诸侯，一匡天下，称霸是有基础的，就是齐国的经济实力。而齐国的经济实力强于其他国家，和管仲搞的一系列经济改革措施分不开。

桓公问管仲说："代国有什么出产？"管仲回答说："代国的出产，有一种狐白（狐腋白毛）的皮张，您可用高价去收购。"管仲又说，"狐白适应寒暑变化，六个月才出现一次。您以高价收购，代国人忘其难得，喜其高价，一定会纷纷猎取。这样，齐国还没有真正出钱，代国百姓就一定放弃农业而进入深山去猎狐。离枝国听到消息，必然入侵代国北部，离枝侵其北，代国必将归降于齐国。您可就此派人带钱去收购好了。"桓公说："可以。"便派中大夫王师北带着人拿着钱到代谷地区，收购狐白的皮张。代王听到后，马上对他的宰相说："代国之所以比离枝国弱，就是因为无钱。现在齐国出钱收购我们的狐白的皮张是代国的福气。您火速命令百姓搞到此皮，以换取齐国钱币，我将用这笔钱招来离枝国的百姓。"代国人果然因此而放下农业，走进山林，搜求狐白的皮张。但时过两年也没有凑成一张，离枝国听到以后，就侵入代国的北部。代王知道后，大为恐慌，就率领士卒保卫代谷地区。离枝终于侵占了代国北部领土，代王只好率领士兵自愿归服齐国。齐国没有花去一个钱，仅仅派使臣往来三次，代国就降服了。

《管子·轻重篇》所阐发的以轻重之术治国的方略，主张通过经济手段调控治理国家，该主张在汉、唐、宋的经济生活中也曾发挥过重要作用，在我国搞社会主义市场经济的今天，其重要意义和可资借鉴之处也是不言而喻的。

国家垄断专卖制度

【原典】

今齐有渠展之盐，请君伐菹薪，煮沸水为盐，征而积之。

——《管子·轻重甲》

【古句新解】

现今齐国既拥有渠展的盐产，就请君上您下令砍柴煮盐，然后由政府征收而积存起来。

自我品评

"官山海"政策，是中国历史上首次以官营国有方式垄断盐铁业运营，但却引领了其后几千年的发展方向。盐铁业的主旋律一直都是国家专卖模式，管仲成为了历代盐政的开山鼻祖。

"官山海"政策的运作理念和具体操作实践为后世王朝提供了成熟的模板，成为大多数王朝解决国家财政危机的"国之大宝"。

后世朝代主持财政的大臣也多从管仲那里取经，领悟"拔鹅毛"的学问，实践拔鹅毛的手艺。

管仲由于"官山海"的政策，在后世还荣获一殊荣——盐商的祖师爷。管仲在民间成了盐神的化身，世代受盐工供奉。

有人不禁有疑问，齐国是海王之国，能独擅海盐之暴利，然远在内陆的诸侯国何以至齐国之富。管仲也做了解答，而且是最简单的一种。

桓公说："那么，没有山海资源的国家就不能成就王业了么？"

管仲说："可以依靠别国的山海资源加以借用。让有海的国家，把盐卖给本国，以每釜十五钱的价格买进，而官府专卖的价格为一百钱。本国虽不参与制盐，但可以接受别人的生产，用加价推算盈利。这就是利用他人资源的理财方法。"

智者不仅能因地取材，也能实行变通转换之道。《易经》云："穷则变，变则通，通则久。"活人岂能为尿憋死，办法都是想出来的。

先天资源不足的国家尚可以在国际市场上谋利。那么有海的国家更可以藉由国际贸易把盐的市场做大做强，做的更暴利。这也是齐国未来谋求在国际上垄断海盐之利必须跨出的一步。

问题也来了，届时齐国海盐贸易面对的是更为广阔的国际市场，齐国在实施战略人才库的规划解决工商业人才后，做国际贸易面临的最匮乏的资源恰恰是信息。

丝绸织品技术曾被中国垄断数百年，中国古代各朝一直严密控制着丝绸织造业和养蚕业的技术流传，并禁止其流向外国。唐朝是丝绸生产的鼎盛时期，无论产量、质量和品种都达到了前所未有的水平。丝绸的生产组织分为宫廷手工业、农村副业和独立手工业三种，规模较前代大大扩充了。同时，丝绸的对外贸易也得到巨大的发展，不但"丝绸之路"的通道增加到了三条，而且贸易的频繁程度也空前高涨。丝绸的生产和贸易为唐代的繁荣作出了巨大的贡献。

看看美国中学历史教科书是怎么写中国与西方的贸易问题，书中说：早在中国汉代，东西通商的重要通道"丝绸之路"逐渐形成，汉朝把大量昂贵的丝绸输出到西亚。为了保护丝绸贸易，中国人一直保守丝绸制作过程的秘密。中国的统治者历来严格限制外国商人，只允许他们在广州活动。中国卖给他们丝绸、茶叶、瓷器，换来的却是大把大把的黄金和白银，造成巨大贸易顺差。1793年，英国人要求增加贸易权利，被乾隆皇帝拒绝，他说："西方的东西找不出一件中国用得着的。"

汉朝和唐朝从丝绸贸易中获得经济的空前繁荣，由丝绸之路，国外的葡萄、无花果、黄瓜、核桃从西亚传入中国，意大利商人马可·波罗1271年来到中国再到郑和下西洋从非洲带回长颈鹿，书中颇下笔墨。书中摘录了《马可·波罗游记》中关于忽必烈皇宫的描写："宫殿屋顶很高，大厅都由金银镶嵌，墙壁上雕刻着龙、鸟、牧马人和各种野兽以及战斗的场面。天花板上也是如此，满眼都是黄金和图画。厅很宽很长，可以容纳6000人的宴席。"足见当时的中国是多么的繁华，远远超越当时世界各国的经济水平。

正因为唐朝、宋朝始终领先全世界的高科技产品销往全世界：丝绸、瓷器，在17世纪至18世纪中叶，整个欧洲甚至包括俄国，掀起过一场"中国热"。当时的中国被全世界推举为"模范文明"。当时中国对西方的影响，远远大于西方对中国的影响。

为了得到中国丝绸，在没有飞机、火车、汽车的时代，当年全世界的商人们骑着骆驼不远万里，把几万里的沙漠戈壁，硬生生踏出一条丝绸之路，用他们国家最珍贵的黄金、珠宝、玉器，换几匹丝绸，带回国就能发大财。唐朝不仅繁荣富强，而且在全世界声名远播。

中国卖给各国商人丝绸、茶叶、瓷器，换来的却是大把大把的黄金和白银，造成古代全球经济的巨大贸易顺差，唐朝是当时世界的经济中心，是欧洲和日本虚心学习的楷模。

历史证明，一个国家只有垄断别国没有的高科技，才能实现经济真正繁荣富强，自然会变成全世界羡慕的"模范文明"。

取民有度，用之有止

【原典】

取于民有度，用之有止。

——《管子·权修》

【古句新解】

对老百姓征收赋役要控制在一定限度内，各种花费要有节制。

自我品评

在我国历史上，很多封建王朝都是因为统治者"取于民无度，用之无止"，在农民起义的风暴中走向灭亡的。而一个新王朝建立之初，则往往注意吸取前朝的教训，"取于民有度，用之有止"，使社会走向安定繁荣。

隋炀帝杨广是我国历史上有名的残暴而又奢侈的皇帝。隋仁寿四年（604年），他杀死父亲杨坚，处死哥哥杨勇，当上了皇帝。他当上皇帝之后做的第一件大事就是营建东都洛阳。这项工程规模十分浩大，每月征调二百多万个民夫，从江南运送奇材异石。为了从江西运一根大木头，就需要两千人拉，运到洛阳需要几十万个民夫。

很多民夫被活活累死了。洛阳建好后，隋炀帝又下令在洛阳西郊

第六章 取之有度
——管子原来这样说理财之道

修建一座大花园，叫做"西苑"。这个西苑方圆二百多里，里面有个大湖，湖内修建三个高一百多尺的仙岛，每个岛上都修建亭台楼阁，非常壮观。湖的北面有一条水渠，沿弯曲的水渠修建了十六个院落，院内建筑十分华丽，每个院落有一个妃子主管。光这些还不行，杨广还要西苑四季如春。秋天，树叶凋落，要用彩色的绸子剪成树叶花朵，挂满树枝。冬天，杨广所到的宫院，池子里的冰要凿掉，用彩色绸缎剪成莲花荷叶，布置在水面上。夜里，杨广经常带着几个宫女到西苑游玩，喝酒游乐，直到天明。

洛阳和西苑刚刚建好，老百姓还没有喘口气，杨广又下令挖掘大运河。首先开凿的是通济渠。通济渠西起洛阳的西苑，东到淮河边上的山阳，沟通洛河、淮河、黄河，然后接上春秋时期吴国开凿的邗沟，通向长江。接着，大运河又向南北两头延伸。向北开凿永济渠，直到涿郡。南面开凿江南河，直到余杭。经过整整六年的时间，大运河才全部完工。大运河便利了南北交通，促进了南北经济文化交流。但是，它是用无数劳动人民的血汗修成的。有无数人在开凿运河中悲惨死去，光是开凿通济渠就死了六十多万人。

大运河还没有修完，杨广就乘坐大船，带领大批随从到江都游玩。杨广坐的船叫龙舟，长七十多米，分四层，上层有正殿、内殿和东西朝堂，中间两层有一百六十个房间，里面装饰得十分豪华。皇后、妃子、大臣、和尚道士以及其他随从人员也都乘坐豪华的大船，总共有几千艘，光纤夫就八万多人。船队在运河中船头接船尾，绵延二百多里。杨广在船上纵情饮酒作乐，沿途五百里以内的百姓，被迫奉献食品，很多人家为此倾家荡产。在江都住了四个月，杨广又要返回洛阳，不过这次不走水路了，改走陆路。于是，又要置办车马仪仗，又要制作百官朝服。许多官吏趁机拼命搜刮百姓，人民苦不堪言。

杨广不仅奢欲无度，而且好大喜功，不断发动对外战争。从大业七年到大业十年（611~614年），他连续三次发动对高丽的战争。每次征兵都要好几百万人，无数人一去不还，战死在疆场。杨广还征调民

207

工在东莱海口修造战船，限期造好三百艘。工匠们不分昼夜地站在水里干活，好多人腰以下的身体腐烂生蛆，被折磨死的有十分之三四。工匠们死了以后，连尸体都得不到掩埋，抛在路边，任其腐烂。杨广还征发民夫运送军粮。两个人推一辆小车，车上装三石粮，路途遥远，三石粮仅够民夫一路的口粮。运到指定地点，粮已经吃光，民夫无力缴纳，只好逃亡。有的百姓为了逃避兵役、徭役，甚至不惜砍掉自己的手脚。

杨广奢欲无度，滥用民力，人民不堪重负，实在忍受不下去了，纷纷起义。在起义军的猛烈打击下，隋朝的统治土崩瓦解，隋炀帝杨广众叛亲离，于大业十四年在江都被部下杀死。太原太守李渊宣布建立唐朝，隋朝灭亡。

唐朝建立后，由于连年战争，全国人口还不到三百万户，只有隋朝中期的三分之一。从洛阳到山东几千里土地上，人烟稀少，满目荒凉。再加上灾荒不断，社会经济十分萧条。唐太宗李世民亲身参加了推翻隋朝的斗争，看到农民起义的巨大力量。所以，他当了皇帝，总不忘隋朝灭亡的教训。认识到要巩固统治，必须要爱护百姓。他说："老百姓好比是水，皇帝好比是船，水能载船，也能翻船，皇帝如果不爱护百姓，百姓就会把他推翻。"因此唐太宗采取了一系列有利于农民的措施。他恢复了"均田制"，满足了农民对土地的要求，限制了豪强对土地的兼并，促进了农业生产的发展。他还注意减轻赋税和徭役，提倡节俭，不大兴土木。由于采取了这些措施，在唐太宗在位的二十多年里，社会政治经济获得了空前的发展，国内一派繁荣景象，百姓"路不拾遗，夜不闭户"（丢失在路上的东西没有人拾，夜里睡觉不用关门）。周围的国家都来归附，各国商旅来往，络绎不绝。中国成为当时世界上最富强昌盛的国家，唐太宗李世民也成为历史上最受人尊敬的明君之一。

隋炀帝杨广奢欲无度，滥用民力，最终身死国灭；唐太宗李世民吸取教训，爱惜民力，使国家繁荣昌盛。"取于民有度，用之有止"，

第六章 取之有度
——管子原来这样说理财之道

确实是任何统治者都不应该忘记的治国箴言。

土地生产财富，有时节的限制；百姓辛勤劳作，有疲倦的时候，但统治者的欲望是没有止境的。用有限的土地和百姓来供养欲望无穷的君主，这中间若没有一个合理的限度，上下之间就会互相怨恨，就可能出现造反的情况。所以统治者不应该残酷剥削百姓，奢侈无度，而应该体恤百姓，爱惜民力，这样国家才会长治久安。

第七章 不理不胜
——管子原来这样说战争之道

《管子》一书中的军事思想理论十分具有前瞻性和系统性。他认为战争是维持国家安定、保卫疆土完整的必要手段，因此需要有严格的军令来约束军队。如果发动战争，则要师出有名，正义的旗帜不可少。在战争的过程中应该准确把握事态，谋定而后动，措施要灵活多变。

第七章 不理不胜
——管子原来这样说战争之道

谋定而后相机而动

【原典】

时至则为，过则去。

——《管子·国准》

【古句新解】

时机成熟就应当实行，条件已变就应当放弃。

自我品评

在《国准》的前半部分，管仲向齐桓公列举了黄帝、有虞、夏、殷、周五代之王"视时而立仪"的做法。他告诉齐桓公，由于每个时代的情况不同，所以那些君主的做法也各不相同。最后，齐桓公问："你上面所讲的五个时代的情况，已经概括了大家所知道的各种办法。以后的君主该用什么办法，你现在可以讲给我听吗？"管仲回答他说："这个不能预言了。因为一个时代有一个时代的具体情况，政策是随着时代的变化而变化的，以后的君主该如何做，现在无法事先做出决定。不过，有一个道理或许适用于每个时代，即'时至则为，过则去'。"适合于时代需要的，君主要积极实行；不适合于时代需要的，君主则坚决放弃。同时，既不去机械地模仿古代，也不要固执地留恋今天。

总之，君主要了解实际情况，根据时势来决定前进还是退却的政策。条件成熟，就应当实行；条件已变，就应当放弃。这就是《易》所言"见机而作"。它要求智者抓住时机，采取相应的行动。墨守成规、不合时宜者，必定要失败。

齐桓公死后，宋襄公想称霸诸侯。在春秋列国纷争的年代，只有武力征服才能称雄。不像三皇五帝时期，靠仁义道德感化百姓。昔日有尧让天下于许由，而许由河边洗耳的事，现在，为争君位，兄弟相残、臣子弑君已是屡见不鲜。奢谈"仁义"二字已是迂腐之极，但宋襄公却指望靠"仁义"二字称霸诸侯。

原来齐桓公在世时，五个公子都想争做国君。齐桓公偏爱公子昭，就把他托付给宋襄公，叫宋国日后立公子昭为齐君。齐桓公死后，公子无诡已立为国君，公子昭跑到宋国，要求宋襄公帮助。宋襄公果然带了几个小国的军队，打进齐国，立公子昭，即齐孝公，齐国也暂时听从了宋国的号令。宋襄公打败了齐国，自以为国力强盛，足以代替齐桓公的霸业。宋襄公想：如果楚国也同意参加由他领导的盟会，自己的威望就会提高了。于是就派使臣去见楚成王，和楚国约好，宋、齐、楚三国于第二年春天在鹿上结盟。宋国的公子目夷（襄公的庶兄）对宋襄公说："宋国是小国，要争做盟会的主人，是会惹祸的。"宋襄公不听。鹿上之会时，宋国当了主人，决定用三国名义召集诸侯开会。当年秋天，宋、楚、郑、陈、蔡、曹、许等国诸侯集会于宋国的盂地。宋襄公自认为要遵守信义，不做军事准备。目夷叹息说："宋国的祸事到了，国君的欲望太高了？如果楚国不守信义，我们宋国怎么对付得了呀？"果然不出所料，楚国参加盟会的目的是想乘势发展势力，控制中原诸侯，决不会受制于宋国。正当宋襄公在盟会上想当盟主的时候，楚王手下的军队突然一下子冲出来，各国诸侯吓得魂不附体。楚将像老鹰抓小鸡一样把宋襄公抓走了。公子目夷乘着混乱逃回了宋国。后来，楚成王觉得扣留宋襄公没有用处，反倒坏了自己的名声，便把宋襄公放回去了。

第七章 不理不胜
——管子原来这样说战争之道

宋襄公回国后，重新当了国君。他决心要报这个仇，一定要让自己的仁义、信用得胜，不能让楚国凭武力来称王称霸。公子目夷觉得宋襄公自不量力，一定还会招致祸患。第二年夏天，宋襄公带军队去攻打和楚国比较接近的郑国，有的大臣认为会引起楚国的干涉，宋襄公却一本正经地说："打仗得胜不全靠武力，有时也要靠仁义、信用呀！"宋军打进郑国，楚成王来了个"围宋救郑"，直接派军队包围了宋国，宋襄公急忙从郑国撤军。

当宋军赶回来时，楚军已到了泓水的对岸。宋襄公想出战，大司马公孙固想趁还未发生战争时就和楚国讲和，就对宋襄公说："臣以为，宋国是商朝的后裔，商朝的确是讲仁义的王朝，但灭亡已几百年，不可能再重兴了。楚国兵强马壮，宋国不是它的敌手。宋人害怕楚军就像害怕蛇和蝎子一样，君王你靠什么取胜？"宋襄公说："楚军兵甲有余，仁义不足，我军是军甲不足而仁义有余。过去武王率领三千精兵而胜了纣王的亿万之众，原因在于'仁义'二字。现在你却让我这有道之君和楚国的无道之军讲和，寡人生不如死！"说完，命令下属在战车上竖一面大旗，写上"仁义"二字。

公孙固只有心中暗暗叫苦，私下里对随从说："打仗就是杀人的，哪讲什么仁义？我们君主中了邪了，我们必须谨慎防备，千万别让国家亡在我们手里。"暗中加强了作战的准备。到了十月间，楚军向泓水对岸的宋军猛攻。公孙固看到楚军准备渡河，连忙报告宋襄公说："楚军人数这么多，我们人数太少。现在乘他们渡河的机会，我们集中力量攻击他们，使他们统统变成落水狗，我们再乘胜追击，不是就打胜仗了吗？"宋襄公指着大旗说："你没看见'仁义'二字吗？我们的军队是仁义之师，岂有别人渡了一半河就攻打的道理？"

结果，宋军眼睁睁地看着楚军全过了河。这时，公孙固又劝宋襄公说："楚军刚刚过河，队伍还没有整理好，快抓紧时机打它个措手不及！"宋襄公板起脸孔说："这是仁义之师应该做的吗？你贪图一时之利，不顾先王倡导的仁义了吗？寡人堂堂军队，岂有别人未成列就

215

攻打的道理？等他们排好队伍，我们再打。"等到楚军整好队伍，宋军才开始进攻。结果楚军排山倒海般地反攻过来，宋军大败。公孙固等保护着宋襄公左冲右突，边战边退。宋襄公的大腿被楚军射了一箭，他只得忍着伤痛，逃出了重围。

　　回到国内，宋襄公又气又恨，很多大臣也埋怨宋襄公。宋襄公躺着，口中喃喃地说："我们做君子的要讲信义道德，不能在敌人有危险的时候去袭击他们，不能捕捉头发花白的老兵做俘虏，不能在敌人没有整好队伍就鸣鼓作战。"公子目夷笑着说："打仗嘛，目的就是为了打胜敌人，如果在打仗时讲仁义信用，怎么能打胜敌人呢？如果照您所说的去做，就只能受敌人的奴役了，还用打什么仗呢？"宋襄公认为楚国在打仗时太不讲道理，越想越气，加上受了箭伤，第二年夏天就死了。宋襄公的霸业就此草草收场。

　　宋襄公在盂地会盟时，恪守不合时宜的"仁义"，不做武力准备，被当场活捉；泓水之战中，仍受虚伪"仁义"理论的牵制，白白错过了有利战机。真是该变不变，抱残守缺，岂有不败之理？事物变化了，政策也该相应调整。如果用老办法解决问题，必定像迂腐的宋襄公一样遭人耻笑。我们生活在新时代的青少年，肩负着领导世界和引领时代的重任，更要具有"时至则为，过则去"的与时俱进的精神。

第七章 不理不胜
——管子原来这样说战争之道

不信者殆，无义者残

【原典】

功成而不信者，殆；兵强而无义者，残。

——《管子·侈靡》

【古句新解】

军事胜利却不讲正义，最终还是要失败；军力强盛却不讲信义，最终还是危险。

自我品评

"尊王"就是推尊周天子，重新恢复周天子的权威和"天下共主"的名位；"攘夷"就是打击夷狄的势力。这是齐桓公执政的重要指导思想和战略方针。

这个时候的周天子（周庄王）虽然其势力差强于一个诸侯，其管辖的范围大约只剩下一二百里，军力更无法与往日相提并论，不仅经济上有求于诸侯，而且在政治上，周天子也形同虚设。然而，几百年形成的周天子为天下宗主的传统观念仍然深入人心，无法改变。天下不可一日无主，这个主就是周天子。一方面，各诸侯国都希望自己的国家越来越强大，但另一方面他们也不愿意看到这种大吞小、强凌弱

217

的局面持续下去，希望有一个强大的人物来改变这一局面，这个人物当然最好就是周天子。但是，天子很不争气，令人大失所望，又令人同情。与此同时，被称为蛮、夷、戎、狄的周边少数民族，乘着中原诸侯纷争政局动荡的局面，向一些诸侯国发动进攻，威胁着他们的安全。如僖公十一年，"扬拒、泉皋、伊、洛之戎同伐京师，入王城，焚东门"，"逼我诸姬，入我郊甸"，因而在"非我族类，其心必异"的夷夏观念支配下，在对待这些少数民族问题上，各大诸侯国都始终是一致的，谁能制止少数民族的进攻，谁就能受到拥戴，就可能成为霸主。

由此可见，实行"尊王攘夷"的政策，既可以减少争霸的阻力，又可以增加争霸的政治资本。因而，颇具战略眼光和政治智慧的齐桓公清醒地认识到这一点，在管仲等人的支持下，提出了"尊王攘夷"的口号，并在行动上得以落实。一是坚决扶助周天子，二是坚决打击夷狄侵夏。具体的行动有：

公元前664年，山戎进攻燕国。燕国向齐国求救，齐桓公亲率大军北征，击败山戎，维护了燕国的安全，阻止了北方"戎狄"的南下。燕庄公为感谢齐桓公，礼送至境，桓公说："诸侯相送不出境，吾不可无礼于燕。"并把燕君所到之地给予燕国，又劝其修召公之政，纳贡于周天子。

卫懿公时，狄人伐卫，卫师丧师失地，懿公被杀，只剩下700余人逃过黄河，立戴公，公元前660年齐桓公接到求救信，派公子无亏率兵为卫戍守，并接济他们马和祭服等物，戴公死后，齐桓公为之立文公，并派兵帮助卫人筑城。

公元前661年，狄人伐邢，齐桓公发动宋、曹等国一同救邢，迎邢君至齐，护其宝器，又为其筑城。在齐国的帮助下，一时间，"邢迁如归，卫国忘亡"。

公元前656年，齐桓公率齐、鲁、宋、陈、卫、曹、许等八国军队讨伐楚国，指责楚国不向周天子纳贡，即"包茅不贡"。这次声势浩

第七章 不理不胜
——管子原来这样说战争之道

大的讨伐迫使楚国承认错误，阻止了南方"蛮夷"的北上。

公元前655年，周王室内讧，齐桓公联合诸侯保住太子郑的地位，并拥立太子郑为王，即周襄王。

齐桓公打出"尊王攘夷"的大旗，一方面赢得了周王室和诸侯国的好感和信任，另一方面也壮大了齐国的势力与威信，为他的国内改革赢得了一个良好的国际国内环境。

楚国在中国南部，向来不和中原诸侯来往。中原诸侯也把楚国当做"蛮子"看待。但是，楚国人开垦南方的土地，逐步征服了附近的一些部落，慢慢地变成了大国。后来，干脆自称楚王，不把周朝的天子放在眼里。那时候，齐桓公的盟主地位只有南方的楚国不服，与齐国对立起来，要跟齐国比个高低。齐桓公二十九年（前657年）秋，楚国对郑国发动了进攻，齐桓公当然要想办法救援郑国，就约集各国国君在阳谷会盟，商讨伐楚救郑。又考虑力量不够大，就派人与鲁僖公商议，要求鲁国出兵。近几年齐鲁两国关系一直不错，鲁国也就痛快地答应了。公元前656年春，齐桓公率领齐、鲁、宋、陈、卫、郑、许、曹等八国联军先对蔡国实行军事行动，蔡国哪里是诸侯联军的对手，很快就结束了战斗。

接着，齐桓公率大军联合进攻楚国。楚成王得知消息，也集合了人马准备抵抗。他派了使者去见齐桓公，说："我们大王叫我来请问，齐国在北面，楚国在南面，两国素不往来，可以说风马牛不相及。你们的兵马为什么要跑到这儿来呢？"

齐桓公让管仲以"尊王攘夷"政治理论反驳："我们两国虽然相隔很远，但都是周天子封的。当初齐国太公受封的时候，曾经接受一个命令：谁要是不服从天子，齐国有权征讨。你们楚国本来每年向天子进贡包茅（用来滤酒的一种青茅），为什么现在不进贡呢？"使者自觉理亏，只得说："没进贡包茅，这是我们的不是，以后一定进贡。"使者走后，齐桓公率诸侯联军又拔营前进，一直到达召陵（今河南郾城县）。楚成王又派屈完去打探虚实。齐桓公为了显示自己的军威，请

219

屈完一起坐上车看了中原来的各路兵马。

齐桓公对屈完说:"诸侯兴兵,并不是为了我自己,实在是想继续先君的友好,你们楚国与我们齐国结为友好怎么样?"屈完说:"您到我们楚国的社稷来求福,不嫌弃我们国君,是我们国君所希望的。"齐桓公趾高气扬地说:"你瞧瞧,这样强大的兵马,谁能抵挡得了?"屈完淡淡地笑了笑,说:"君侯协助天子施行道义,扶助弱小,人家才佩服你。要是光凭武力的话,楚国国力虽然没有这么强,但是用方城(楚国所筑的长城,在今河南方城北至泌阳东北)作城墙,用汉水作壕沟。您就是再多带些人马来,也未必能打得进去。"齐桓公听屈完说得挺强硬,估计也未必能轻易打败楚国,而且楚国既然已经认了错,答应进贡包茅,也算有了面子。再说,楚国又不采取对抗行动,齐桓公觉得时间长了,诸侯大军粮草也成问题,于是齐桓公和中原八国诸侯共同与楚国在召陵订立了盟约,各自退兵回国去了。齐桓公在回师途中,又讨伐了陈国。

公元前651年,齐桓公与各诸侯国在葵丘(今河南兰考)会盟时,周襄王因齐桓公在支持自己继位上有大功,便派宰孔赐给齐桓公祭庙所用的肉、彤弓矢以及乘坐的车,在当时这是最高奖赏。《孟子·告子》下篇记载了齐桓公葵丘会盟盟辞的五禁内容:一是诛杀不孝之人,勿改变已确立的太子,不要以妾为妻;二是尊重贤能之人,培育人才,要大力表彰那些有德的人;三是尊重老人,爱护孩童,不忘来宾和旅客;四是军士不能世世为官,官吏的事情让他们自己去办,不要独揽。取士一定要得到能人,不擅杀大夫;五是不要故意设堤坝,不要阻止别国人来籴粮食,也不能不报告天子就建筑新城。这五禁内容分明是齐桓公成就霸业的经验总结。

周襄王派大臣与会并送重礼,说明周襄王承认了齐桓公的霸主地位,在会上齐桓公俨然是以天子的身份号令诸侯,从而标志着齐桓公的霸业达到了巅峰。齐桓公济危扶困、"合诸侯""匡天下"的义举,不仅成功地树立了个人形象,也为齐国带来了领土逐渐扩大的实际利

第七章 不理不胜
——管子原来这样说战争之道

益。同时在客观上保卫了中原的文化和文明。

后世三国时的曹操大概就由此受到启发，在众军阀逐鹿中原之际，他率先以勤王的名义，"挟天子以令诸侯"，使自己一下子站到了正义（正统）的立场之上，为自己未来的"事业"披上了合法的外衣。只不过，曹操的一些做法招致了人们的不满，被称之为"名为汉相，实为汉贼"，而桓公自始至终就没有人对此非议。

罚不避亲贵

【原典】

罚不避亲贵，则威行于邻敌。

——《管子·立政》

【古句新解】

如果执行军法不回避皇亲国戚、达官贵人，那么不用打仗就能够威震敌国。

自我品评

　　管子很重视法律的执行问题，他认为军队中一定要严格执法。严格执法很重要的一个方面就是执法要一视同仁，如果军队统帅在执行军法的时候标准不一，回避皇亲国戚、达官贵人，就不能让他继续统率军队。因为他的做法会让士兵失去信任，导致军心涣散，一旦遇上强敌，部队就会吃败仗，给国家带来危险。相反，军队统帅在执行军法时一视同仁，不回避皇亲国戚、达官贵人，才会获得将士们的拥戴，士气才会旺盛，军队才有顽强的战斗力，这样和敌国打仗才会取胜，甚至不用打仗就能够吓退敌人。

　　这里我们讲一个司马穰苴执法如山的故事。司马穰苴是春秋时期

第七章 不理不胜
——管子原来这样说战争之道

著名的军事家。齐景公的时候，晋国进攻齐国的阿邑和甄邑，同时燕国侵略齐国黄河南岸的地方。齐国的军队吃了败仗，齐景公为此十分担忧。这个时候，齐相晏婴就把司马穰苴推荐给了齐景公。晏婴说："司马穰苴虽然出身低贱，但是他这个人能文能武，很有才能，他是不会让您失望的。"齐景公就把司马穰苴召了来，和他谈论军事，非常满意。于是任命他为将军，让他领兵抵抗燕国和晋国的军队。

司马穰苴心里想：自己出身低贱，一下子当了大将，将士们未必服气，万一打起仗来大家不听指挥，误了国家大事怎么办？于是他就对齐景公说："蒙大王您提拔，让我做了大将，统率全国军队，我十分感激。不过，希望您派一个您最信任而地位又尊贵的大臣来做监军。"齐景公答应了他，派自己最宠信的大夫庄贾前去担任监军。

司马穰苴和庄贾见了面，商量了一下出师的事。分手的时候他和庄贾约定："明天正午在营门集合。"第二天，司马穰苴先赶到军队里，竖立了观测时间的木表和刻漏，等候着庄贾。庄贾是齐景公的宠臣，地位显赫，平时骄横惯了，根本不把司马穰苴放在眼里。亲戚朋友们给他饯行，他便毫不在乎地留下来畅饮，完全忘了司马穰苴和他的约定。司马穰苴在军队中一直等到中午也不见庄贾到来，就自己进去检阅军队，宣布军纪和各种注意事项。等到这一切都做完了，庄贾才迟迟来到，这时天已经很晚了。司马穰苴问庄贾："您怎么现在才到？"庄贾说："亲戚朋友们给我送行，我不好推辞，多喝了几杯酒，所以来晚了。"

司马穰苴说："作为一个将领，当他接到命令的那一天，就应该忘掉自己的家庭；当他在战场上和敌人对阵的时候，就应该忘掉自己的身体。如今敌人侵略，已深入我国，国内骚动不安，士兵们在边界上风餐露宿，艰苦守卫；大王日夜忧愁，吃不好饭，睡不好觉。老百姓的性命都悬在你我的手里，怎么还能去喝饯行酒呢？"庄贾见司马穰苴这么严肃地训斥自己，很不高兴，正想发作，只听司马穰苴道："军法官在哪里？"军法官赶快跑了过来。司马穰苴就问道："按照军

223

法，约定时间却迟到的，该当何罪？"军法官说："应该斩首。"庄贾一听，知道大事不好，就赶快派人骑上快马去找齐景公求救。送信的人去了还没有来得及回来，司马穰苴已经把庄贾斩首示众了。全军的士兵们见司马穰苴连庄贾这样深得国君宠信的老资格大臣都敢杀，都十分震惊害怕。

隔了好一会儿，齐景公派来的使者拿了符节，骑着马一直飞驰到军队里，来向司马穰苴传达赦免庄贾的命令。司马穰苴说："将领在军队里，对于君主的命令，可以有所不接受。"又问军法官，"军营里是不许骑快马奔跑的，如今使者快马奔跑，该当何罪？"军法官说："该斩首。"使者一听十分害怕。司马穰苴说："国君的使者不能够处以死刑。"于是赦免了使者。但是为了严明军法，就杀了使者的仆人，砍断了车子左边的车杆，宰了左边驾车的马。随后，司马穰苴把这件事通报全军，让使者回去向齐景公报告，自己带领军队出征迎敌。

在部队行军的时候，所有扎营、掘井、安灶、伙食的事情，司马穰苴都要亲自检查，对于生病的士兵，他都要亲自慰问，并且把自己的东西拿出来和士兵们共同分享。全军将士看到司马穰苴执法如山，不畏权贵，又这样爱护士卒，和大家同甘共苦，都深深地受到感动。军队到前线的时候，连生病的士兵都要求参加战斗，士兵们士气高昂，争先恐后地要投入战斗。

晋国军队听到这个消息，不等交战，就赶忙退回去；燕国军队听到这个消息，就从黄河南岸撤到了北岸。齐国军队顺利收复了被晋国和燕国占领的地方，然后收兵而回。齐景公和文武百官亲自到郊外迎接，慰问全军将士，并封司马穰苴为大司马。

在这个故事里，司马穰苴"罚不避亲贵"，敢于处死国君的宠臣，对国君的使者也不客气，这样使得全军上下人人震恐，纪律严明，斗志高昂，不用打仗就使晋国和燕国的军队主动后退，收复了失地。这个故事生动地说明了"罚不避亲贵，则威行于邻敌"的道理。

第七章 不理不胜
——管子原来这样说战争之道

寓兵于民的制度

【原典】

事有所隐而政有所寓，作内政而寓军令。

——《小匡》

【古句新解】

军事部署要有所隐蔽，要把国防运作安排在行政的运作之中，平战结合，兵民结合。

自我品评

管仲在辅佐齐桓公的时候，对齐国的国政进行了一系列的改革。

政治军事方面，他重新划分建立了行政区划。把国都分为6个乡，工、商各3个乡，不服兵役。全国分15个士乡，由桓公、高傒、国子各管5乡。这些士按照一定的系统和编制（轨、里、连、乡、师）组织起来，在春季和秋季进行军事训练。因为他们平时生活在一起，非常熟悉，可以做到白天打仗时只要看到就认识是否是自己人，晚上打仗听到说话声和脚步声也知是否是自己人，绝对不会自相残杀。这样就大大提高了战斗力。同时，这样的组织还像是生产组织，让士兵从事一定的生产劳动，特别是从事农业生产劳动，他们春、秋两季进行军事训练，农忙时从事农业生产。既壮大了军事力量，又减少了国家的军费开支。国

225

都内的行政区划是5家为轨，10轨为里，4里为连，10连为乡，分别由轨长、里司、连长、乡良人（或乡大夫）管理。全国的行政区划是30家为邑，邑有司；10邑为卒，卒有卒帅；10卒为乡，乡有乡帅；3乡为县，县有县帅；10县为属，属有大夫。朝廷立5个大夫，各管一属。这样从上到下，建立起统一的行政机构，各级官吏保治一方。齐桓公把军政改革与行政改革紧密结合起来，把全国的人民群众组织起来，纳入军事编制，建立军政合一的体制。新设的轨、里、连、乡的行政编制，又是军事编制。1轨5家，出5名兵士；1里50家，出50名兵士；1连200家，出200名兵士；1乡2000户，出2000名兵士，分别由轨长、里司、连长、乡良人领导。5乡10000户，出10000名兵士，为1军。全国士乡共15个，就是3万户，出3万名兵士，组成3个军，3军分别由桓公、国子、高傒统率。这样，一套完整的军事机构建立起来了。有了这样一支3万人的常备军，就可以横行各诸侯国，无敌于天下。

　　清朝的"八旗制度"也有异曲同工之妙。努尔哈赤依据前车之鉴和征战之需，利用旧的牛录制度，改进发展，创立了八旗制度，牛录原意为"大披箭"，很久以来，女真人遇逢出征行围，不论人之多寡，照依族寨而行，各出箭一枝。十人中立一首领，指挥九人而行，此首领称牛录额真，这是以族寨为基础凑编而成的临时性武装组织，兵列完毕即行解散。

　　八旗制下的女真是兵民合一，平时耕猎，战者披甲当兵，由固山额真、甲喇额真、牛录额真辖领、遵照汗、贝勒命令，冲锋陷阵，八旗制不仅是军事制度，而且还包含了征赋金役、刑罚及管辖旗人的财经政法等方面的职能，是后金进入辽沈前的政权的特殊组织形式，这样一来，努尔哈赤统辖下的女真国，便不是昔日所辖的各有特色，复杂松散的混合体，而形成了一个统一的国家，这对出兵征战提供了十分有力的军事条件和政治条件。

　　这种寓兵于民的制度不但保证了国家战争之需，同时也保证了日常时期国家的经济和农业劳作的正常进行。

第七章 不理不胜
——管子原来这样说战争之道

争强之国，必先争谋

【原典】

争强之国，必先争谋。

——《管子·霸言》

【古句新解】

要在军事上争强，必须先重视谋略、韬略。

自我品评

虽然中原各国逐渐承认了齐国的盟主地位，但居住在边远地区的某些少数民族部落却不理会这一套。有一天，齐桓公正与管仲议事，有人来报告说北方的一个叫做山戎的少数民族又侵犯了燕国，劫夺粮食、牲畜和财物，燕国派人来求救了。齐桓公征求管仲的意见，管仲说："山戎经常骚扰中原，是中原安定的忧患，一定要征服。"齐桓公听了管仲的话，亲率大军援救燕国。

齐国大军到了燕国，才知山戎早就带着抢到的人口和财物跑了。管仲说："山戎虽然跑了，但以后还会来骚扰。我们不如一追到底，彻底打垮他们，实现北方的长治久安。"齐桓公听从了管仲的意见，向北追击山戎。燕国的君主燕庄公又对齐桓公说："附近有个无终国

（今河省玉田县），与我们素有往来，他们也和山戎有仇，可否请他们给我们带路，一同攻打山戎？"齐桓公立刻派人带着礼物去无终国求助。无终国也派了一支军队前来参战。

山戎的首领叫密卢，他听说齐、燕、无终三国联合讨伐，知道打不过，就带着一些亲信和金银财宝向北方逃跑了。来不及跑的山戎百姓和士兵都投降了。齐桓公为了使山戎真正心服，传令不许伤害山戎降兵和百姓。山戎受到宽待，感激齐桓公。齐桓公问他们："你们的首领跑到哪里去了？"他们说："一定是去孤竹国借兵去了。"齐桓公决定跟踪追击，捉拿密卢，征伐孤竹国，彻底消除北方动乱的隐患。

再说密卢逃到孤竹国，向国君答里呵求援。答里呵派大将黄花率兵跟密卢前去迎战齐军，不料，黄花一出阵就被齐军打得大败。黄花逃回去对答里呵说："齐侯率军前来，不过是要捉拿密卢，与我国毫无关系。我看不如杀了密卢，与齐侯讲和，方能保全我们自己。"另一位大臣则献计说："北方有个地方叫'旱海'，又称'迷谷'，那里茫茫沙漠无边，路途难辨。如果能把齐军引入'迷谷'，不用一兵一卒，就能使齐侯人马全军覆没。"

黄花听到这里动了心眼。于是去杀了密卢，割下了首级，直到齐桓公军中，献上密卢首级，并称答里呵已经率军逃跑，自己愿归顺齐侯，为齐军引路，追击答里呵。齐桓公见黄花献上密卢首级，便信以为真，率领大队人马跟着黄花向北追击。黄花在前面带路，齐桓公人马随后紧跟。进了沙漠，才拐了几个弯就找不到路了。茫茫无垠的黄沙，好似静静的大海，既分不清东西南北，也辨不出前后左右。齐桓公想找黄花来问一问究竟是怎么回事，但哪里还有他的影子？这才知道中了黄花的奸计。这时太阳已经下山，夜幕笼罩着大地，四周漆黑一片，西北风一个劲地刮，冻得士兵直发抖。好不容易等到天亮，才发现人马已零散不全。齐桓公命令赶快寻找出去的道路，但大队人马转来转去，怎么也走不出这个迷谷。这时，管仲猛然想起老马大多认识归途，便对齐桓公说："老马识途，无终国的马很多是从山戎弄来

第七章 不理不胜
——管子原来这样说战争之道

的,不如挑选几匹无终国的老马,让它们在前边走,兴许可以找到出去的路。"齐桓公虽然将信将疑,但又没有别的办法,就同意试一试。于是管仲挑了几匹老马,让它们在前边走,大队人马跟在后头。几匹老马不慌不忙地走着,果然走出了迷谷,回到了原来的路上。大家死里逃生,都佩服管仲足智多谋。从此,"老马识途"也成为一句广为流传的成语。

齐军走出迷谷,打败了孤竹国,答里呵和黄花也被乱兵杀死,孤竹国也就被灭了。胜利之后,齐桓公对燕庄公说:"山戎、孤竹一带的土地足有500里之多,全送给您吧。"燕庄公急忙说:"那可不敢当。靠您的帮助,我们才保全了国土,现在已经是感激万分了,哪里还敢收您的土地呢?"齐桓公说:"您不要客气了,北部边疆十分重要,您把它治理好,勿使边民来犯,向天子纳贡,这是我们大家的光彩。再说齐国离这里这么远,鞭长莫及,也管不了啊!"这么一说,燕庄公就不好再推辞了。

齐桓公班师回国之日,燕庄公亲自送行。一路上两人边聊边走,越谈越投机,不知不觉出了燕国边界50里。直到他们分手的时候,齐桓公才猛然想起周礼的规矩,就说:"古往今来,诸侯送诸侯不得送出边界,我们怎么能违反规矩呢?"说着就要把这50里土地割让给燕国。燕庄公已经得了500里土地,说什么也不肯再要齐国的50里地了,可齐桓公一心要别人承认他是霸主,说话做事既讲信用,又守规矩,所以非要燕庄公收下不可。就这样燕国又得到50里土地。

诸侯们见齐桓公千里迢迢亲自率军援救燕国,打了胜仗还不贪土地,没有一个不从心眼里服他的。从那以后,齐桓公这个霸主的威名才真正深入各诸侯国人民的心中。

由此可见,最高明的战争手段不是兵器车马之战,而是运用智谋让人们臣服。

第八章 百年树人
——管子原来这样说教育之道

《管子》的教育思想是我国古典素质教育的典范。它重视和提倡民众的道德教育、职业教育、军事教育、生活教育，以及教育的考核选拔。"十年树木，百年树人"，管仲提倡把教人、育人作为国家强盛和存亡战略的"百年大计"，并加以倡导和实施。

第八章 百年树人
——管子原来这样说教育之道

十年树木，百年树人

【原典】

十年之计，莫如树木，终身之计，莫如树人。

——《管子·权修》

【古句新解】

作十年的打算，最好是种植树木；作终身的打算，最好是培育人才。种植粮食，是种一收一；种植树木，是种一收十；培育人才，则是种一收百。如果我们能注重培育人才，并且像神明那样使用人才，那么举事就能收到神效，这是王者们才能做到的事情。

自我品评

管子认为，培育人才尽管所需要的时间较长，不像种谷子那样一年就可以收获，种树木那样十年就可以收获，它需要百年的时间，经几代人的努力才能够见效，但从长远的利益来看，这样的努力是完全值得的，而且将取得百倍的收获和回报。这种对于人才培育的高度重视，充分体现了中国古代思想家的深谋远虑和高瞻远瞩。"十年树木，百年树人"，现在已经成为人才培养和人才管理方面的一句格言。

在我国历史上重视人才的培养并在培育人才上作出突出贡献的，孔子当首屈一指。孔子（前551~前479年），名丘，字仲尼，是我国著名的思想家、教育家。孔子一生中有大半的时间都在从事教育工作。

孔子的教育活动大致可以分为三个阶段：第一阶段：自开始办学到去齐国求仕之前，约七八年时间。这一阶段他的门徒还不太多，但办学卓有成效，在社会上已经有了较大的名声。这一时期，孔子学生中有比他小六岁的颜路（颜回之父），有比他小九岁的子路。第二阶段：自三十七岁（前515年）从齐国返回鲁国到五十五岁（前497年）周游列国之前，共计十八年的时间。这十八年中，孔子虽然有四年多的时间在做官从政，但并没有停止教书育人的工作。这一阶段孔子的教育事业如日中天。教授的学生除了有鲁国的学生之外，还有来自齐、楚、卫、晋、秦、陈、吴、宋等国的求学者。其中一些较有名的弟子，如颜回、子贡、冉求、仲弓等，大都是这一时期进入孔门的。第三阶段：自六十八岁（前484年）周游列国结束回到鲁国到他去世，共五年时间。这时，孔子虽然被季康子派人迎回鲁国，但鲁哀公和季氏最终并没有任用他。孔子虽有大夫的身份，也发表过一些政见，但没有人听从他的意见，于是孔子把精力集中于办教育与整理古代文献典籍上。这一时期较为人知的学生有子夏、子游、子张、曾参等，这几个人后来大都从事教育事业，对儒家学派的形成与发展，对孔子思想的传播也起了重要作用。

孔子是我国历史上创办私学的先行者。过去，学校都由官府开办，只有贵族子弟才有接受教育的权利。孔子创办了"私学"，自己聚徒讲学，这样就打破了贵族对教育的垄断。他提出了"有教无类"的口号，招收学生没有门第等级的限制，所以他的学生既有贵族子弟也有居住在陋巷的贫民，既有鲁国的也有别国的。他开设了德行、言语、政事、文学四门课程，还把礼节、音乐、射箭、驾车、写字、算数等"六艺"的技能教给学生。

孔子把"学而不厌，诲人不倦"当做自己的座右铭，意思是：学

第八章 百年树人
——管子原来这样说教育之道

习没有满足，教导他人也不知道疲倦。他鼓励学生把学习与思考统一起来，认为只死读书本而不认真思考就会迷惑，只想来想去而不勤于学习就会走上邪路，那就更危险。孔子这些教学方法和教学态度受到了人们的称赞。孔子办教育取得了很大成绩，据说他的学生先后有三千人，其中成绩优异的也有七十二人，这在当时是很了不起的。

孔子的学生中有不少出色的人才，像以品德高尚闻名的颜渊、闵子骞，以政治见长的子路、冉有，口才、智慧过人的子贡、公西华，还有子夏、子游、宰我等等。孔子喜爱这些学生，同时注意用不同的方法教育他们。

有一次，子路来问孔子："一个人如果听了好的主张，是不是应该马上去实行呢？"孔子平静地回答："总得先问问别人的意见吧，然后再去决定能不能实行。"子路走了以后，冉有也来问老师同一个问题，孔子说："那当然了，应该马上去做！"在场的公西华非常纳闷，问孔子："子路和冉有问的是同一个问题，先生怎么回答的不一样呢？"孔子说："子路平时办事有胆量，可很莽撞，不懂得谨慎，我就劝他多听听别人的意见；冉有办事稳重，可勇气不足，迟疑不决，我应该鼓励他办事果断。"孔子这种"因材施教"的方法是很高明的。另外，像"三人行必有我师"、"温故而知新"、"知之为知之，不知为不知"这些说法，也是很让人信服的。

孔子的学生来自五湖四海，有老有幼，有贫有富，有贵有贱，并且是贵者少，贱者多，富者少，贫者多。在《史记·仲尼弟子列传》所列的受业身通者七十七人中，唯一的贵族是司马牛。此外，从其他典籍中可知，孔子弟子中，贵族只有孟武伯、南宫敬叔和孟懿子等寥寥数人。所以钱穆在《先秦诸子系年》中说："孔子弟子，多起微贱。颜子居陋巷，死有棺无椁。曾子耘瓜，其母亲织。闵子骞着芦衣，为父推车。仲弓父贱人。子贡货殖。子路食藜藿，负米，冠雄鸡，佩狼豚。有子为卒。原思居穷闾，敝衣冠。樊迟请学稼圃。公冶长在缧绁。子张鲁之鄙家。虽不尽信，要之可见。"但他们中许多人后来却在

235

政治或社会活动方面甚为活跃，各有成就，地位显赫，影响巨大。同书又说："其见于列传者，冉求为季氏宰。仲由（子路）为季氏宰，又为蒲大夫，为孔悝之邑宰。宰我为临淄大夫。端木赐（子贡）尝相鲁卫。子游为武城宰。子贱为单父宰。高柴为费城宰。其见于论语者，原思为孔父宰。子夏为莒父宰。"如果没有孔子"有教无类"的教学实践，这些人是很难有政治上发展的机会的，更难形成一种独立于家族和君主之外的强大社会势力。这是孔子人才培养的硕果，也是"十年树木，百年树人"思想的最好说明。

我们知道，现代管理正越来越深刻地认识到人才对于事业成败的重要意义，认识到人才的有无，直接关系到国家的存亡、民族的安危、战争的胜负以及企业的兴衰。这已经成为政治家、军事家、企业家和管理学家们的一个共识了。美国钢铁大王卡内基说："你可以将我所有的工厂、设备、市场、资金全夺去，但只要保留我的组织和人员，四年以后，我将仍是一个钢铁大王。"日本"经营之神"松下幸之助说："松下电器公司必须调整方向，把重点转移到培养人才的方面来。出产品是重要，但是为了出产品需要做些什么呢？这就需要人，并且是有正确思想方法的人。这样，为了出重要产品，首先就要在怎样培养人才的问题上动脑筋；我相信这样做了之后，我们的理想必定实现。"从这些论述中，我们不是可以清楚地看到《管子》这一重要思想的现实意义了吗？

立志然后成其大

【原典】

志毋虚邪，行必正直。

——《管子·弟子职》

【古句新解】

心志不虚假邪妄，行为必然正直端庄。

自我品评

中国古代教育思想中有一个突出特点，就是非常重视立志，他们把立志放在学习的首要位置。所谓"志"，即"心之所之"（《论语集注·为政》），指意志、志向，包括思想态度。尤其汉代以后，教育家不仅十分重视立志，而且还把立志与勤奋、成就结合起来，形成一种规律性的认识：立志而后勤奋，勤奋而后有成。如诸葛亮在《诫子书》中明确指出："才须学也，非学无以广才，非志无以成学。"又如明代王守仁说："凡学之不勤，必其志之未笃也。"都强调学习必先立志。朱熹甚至将立志比喻为如同人需要吃饭那样重要，他说："立志要如饥渴之于饮食。"管仲提出"志毋虚邪"，就是讲志。孔子认为人的人格力量要比权势大得多，"三军可夺帅也，匹夫不可夺志也"是其著名格言。"志毋虚邪，行必正直"这句话告诉我们：要从小立下报效祖国、心忧天下的宏伟大志。心志和行为是一致的，胸怀大志，行为上必然表现为刚强正直。

范仲淹，字希文，江苏吴县（今江苏苏州）人，北宋政治家、文学家。两岁丧父，少有志操，孤贫力学，二十七岁考中进士。在中央，先后任秘书阁校理、右司谏、尚书礼部员外郎、吏部员外郎、枢密副使等职；在地方，从南到北，从东到西，先后任职于广德、亳州、陈州、苏州、开封、饶州、邓州、杭州等十几处地方，还曾做过军事工作。六十四岁时，范仲淹赴任颍州途中，病逝徐州。范仲淹一生清廉从政三十七年，从地方到中央，从中央到地方，几进几出，宦海沉浮，仕途崎岖，但始终忧国忧民，以天下为己任，主持过"庆历新政"改革，时时处处直言时弊，为民兴利，倡办教育，以"先天下之忧而忧，后天下之乐而乐"闻名于世。

范仲淹一生，无论在中央，还是在地方，都始终关心时政利弊和国家兴衰，并以此为己任。他说，所有忠诚之士，都是以天下大事为根本。天圣六年（1028年），副宰相晏殊推荐范仲淹为秘书阁校理。他进入中央后，勤于朝政，敢于直谏。当时刘太后垂帘干政，朝廷官员屈于太后权势，不敢异议朝政。

范仲淹闻知后，立即上书，批评这种不正常现象，要求还政于宋仁宗。晏殊知道范仲淹这一举动后，深为惊恐，批评他爱出风头，这样下去必将牵连荐举的人。范仲淹没有在意，修书给晏殊，申明上书的理由，晏殊只好表示道歉。不久，范仲淹终因触犯刘太后，被贬往边远之地任通判。

刘太后死后，范仲淹被调回京师，任右司谏。这一官职以议论朝政得失为本职，正合范仲淹的心愿，为他举荐贤才、斥责时弊、献计献策、伸张正义创造了有利条件。宋仁宗执政时，有一年，灾情在全国蔓延，淮南、京东等地灾情尤为严重。范仲淹奏请朝廷派人到灾区

第八章 百年树人
——管子原来这样说教育之道

巡视，赈救灾民，但没有被理睬。他非常气愤，置丢官、杀身危险于不顾，前去质问仁宗："我们宫中的人如果半天不吃饭会怎么样呢？现在江淮等地百姓吃不上饭已经好长时间了。对于百姓的疾苦，怎么能熟视无睹，不予救济呢？"问得仁宗无言答对，只好派他去安抚江淮的百姓。他一到灾区，满目凄凉，灾情比估计的还要严重。他不顾旅途疲劳，立即开仓放粮，赈救灾民，调拨江南小麦、豌豆五十万石，运往重灾区，发放官钱及地主富商的钱谷给灾民。

为了防止贪官污吏利用救灾之机损公肥私，克扣百姓，范仲淹严厉禁止官府挥霍浪费，坚决打击不法官吏的贪污行为。在救灾的同时，他率领灾区百姓开展生产自救。范仲淹完成救灾任务回京师时，特意将灾民吃的一种叫"乌咪草"的野草带回京城，呈献给仁宗，请他转送六宫贵戚，以劝诫他们的挥霍奢侈之风。接着，他又呈上《救弊十章》，论述朝政弊端，朝廷为之震撼。

庆历三年（1043年）七月，范仲淹在谏官们的多次推荐下，被宋仁宗任命为参知政事。他上任后，仁宗急切地向他询问治国策略。范仲淹看到朝廷日趋腐败，积弊甚多，要想政治清明，并非易事。有一天，宋仁宗在天章阁召见范仲淹，亲赐文房四宝，并说："朕决心要使天下太平，重开太祖兴盛的局面。你是朕的重要大臣，今赐文房四宝，望卿将治国良策连连奏来，以分朕忧。"范仲淹听了仁宗的话，想了很长时间。他认为，要想富国利民，必须从实际出发，从改革弊端入手。宋朝统一后，跟随太祖征战立功的官员代代相袭，已经显得很臃肿了。此后，朝廷又开科选士，大量提拔，官员与日俱增。尤其是皇室贵戚及其亲属、门客，由于直接封赏，官员更是多如牛毛。更为严重的是，朝廷公开卖官鬻爵，六千贯钱就可买一个殿值官，这样就更加造成官吏严重泛滥。由于官员众多，不干正事，贪污腐化，鱼肉百姓，争功诿过者大有人在。于是在给仁宗的奏文中，范仲淹写道："庞大的官僚机构，多如牛毛的官吏，是国家当前的重大弊端。民间的

239

疾苦、赋税的沉重和财政的困难盖出于此。如果不彻底改革吏治，国家就将无从治理。"

在这种思想指导下，范仲淹制定了改革吏治的十项措施。一是明黜陟。即改革文官三年一升的办法。官员中功大才高者，加以重用；老弱病残、腐败无能者，处理不用；有罪过的按情节处治。二是抑侥幸。即改革贵族官僚子弟因袭做官的旧制。三是精贡举。即改革专以诗赋取士的科举制度，把考试重点放在治国安邦的对策上来。四是择长官。即从文治武功上严格选拔各路转运使、提点刑狱和州县长官。五是均公田。即按照等级分配给各级官员数量不等的土地，数年检查一次，抑制他们贪污国财和掠夺民财。六是厚农桑。即从朝廷到地方都要以农为本，重视农业发展。七是修武备。即京师招募卫戍兵五万人，以保卫朝廷安全。八是减徭役。即合并人口较少的州县，裁减地方机构和官员，以减轻人民的负担。九是泽恩信。即各级官吏要广施恩德，以增强皇帝和朝廷的威信。各地要严格执行朝廷的命令。十是重命令。即政策法令必须出自朝廷，各地不得擅自制定政策。这十项治国方略，就是《答手诏条陈十事》。

宋仁宗看了这十项改革措施后，非常高兴，立即颁诏全国施行，开始了以范仲淹等人为领导的庆历新政。新政颁布后，范仲淹为了保证改革能顺利进行，在欧阳修等人的支持、协助下，亲自选拔了一批精明能干、正直清廉的官吏巡视全国，检查监督地方官吏贯彻执行的情况。同时，考核官吏的政绩，以便决定升迁或撤免。

范仲淹敢于直陈时弊，关心百姓疾苦，主持庆历改革，勇气和动力来自哪里？就来自于"先天下之忧而忧，后天下之乐而乐"的伟大抱负。范仲淹从小就很有志气，发奋读书。十多岁的时候，他借住在长山醴泉寺的僧房里读书，过着艰苦的生活。他每天只烧一锅粥，等到粥冷却凝固以后，用刀划成四块，一天吃两餐，早晚各取两块，就着咸菜吃。后来，人们称他这种生活为"断齑（指咸菜）划粥"，并且被传为历史上刻苦好学的佳话。

范仲淹活了六十四岁。临终前，他给宋仁宗的遗表中，通篇指陈时政，只字不提个人要求，读后催人泪下。他虽曾官高禄厚，但终身清贫，死后连办理丧事的费用都没有，令人肃然起敬。范仲淹没有给子孙后代留下什么可供享乐的遗产，但他的"先天下之忧而忧，后天下之乐而乐"的伟大抱负却激励了一代又一代人为国家和人民奋斗不息。

仓廪实则知礼节

【原典】

仓廪实则知礼节，衣食足则知荣辱。

——《管子·牧民》

【古句新解】

有充足的粮食储备，人们就知道遵守礼节；不愁吃穿，衣食丰足，人们就知道光荣和耻辱。

自我品评

百姓吃饱穿暖，衣食无忧，才能够讲究礼义廉耻，才能在道德层面上有更高的要求，这样国家的政令才能够顺利推行。如果人们连基本的吃穿都没有保障，就很难讲究礼义廉耻，甚至连基本的人伦都会丧失。这样国家的政令难以推行，国家就面临危险。因此只有搞好物质生产，才能进行良好的礼仪教化。管子告诉我们，物质是教化的基础。

西汉宣帝时期，渤海郡发生了严重的饥荒，老百姓缺衣少食，生活艰难。面对这种情况，地方官不但不加以安抚，反而继续征粮逼税。老百姓生活不下去，走投无路，纷纷起来造反，渤海郡大乱。汉宣帝听到这个消息，非常着急，决定选派一个有威望、有能力的人去治理渤海郡，但左思右想也挑不出一个合适的人选。

后来经过丞相和御史的竭力推荐，汉宣帝就任命龚遂为渤海郡的太守，让他去治理渤海郡。临行前，汉宣帝特地召见龚遂。龚遂这个时候已经七十多岁了，汉宣帝见他须发皆白，身材矮小，相貌平平，心中不免有些失望。但谈到治理渤海的方略，他很快就对这位其貌不扬的老人刮目相看。龚遂直言不讳地指出：渤海之乱责任在地方官吏。百姓饥寒交迫，官府却继续盘剥，百姓生活不下去，不能坐着等死，他们群起反抗实属无奈。他问汉宣帝："陛下您派老臣到渤海，仅仅是要以武力战胜那里作乱的平民百姓呢，还是要臣以道德教化并安抚百姓，使百姓从此安居乐业？"

汉宣帝对龚遂的分析十分赞赏，就对他说："我不派武将而选用像你这样的文臣、老者，就是要使渤海恢复秩序，百姓安居乐业。武力威慑并不是好办法。"龚遂听汉宣帝这样说，非常高兴，就趁机请求道："我听说治理乱民就像整理乱麻一样，欲速则不达，只有缓慢行事才能奏效。臣请求朝廷及丞相、御史不要用种种陈规陋法约束我的行动，给我随机应变、灵活处理问题的权力，那样才有希望将渤海治理好。"汉宣帝当即答应了他的请求，并赐给他很多财物，增派了很多随员车马供他调遣。

龚遂走马上任，刚进入渤海郡界，就遇到了率军前来迎接的官吏，沿途官兵戒备森严，气氛十分紧张。龚遂把他们全部打发回各自的县里，随即发出公文指示各县：罢黜所有专门抓捕造反民众的"捕盗贼吏"；凡是拿着锄头、镰刀等农具的人都是良民，官吏不得追究；凡携带兵器的人劝其归农，拒不执行者可以抓捕。然后龚遂自己轻车简从到府中就任。老百姓听到龚遂的教令，知道新太守并不是来镇压自己的，就纷纷放下武器，改拿锄镰。不久以后，渤海郡的"盗贼"就全都没有了，老百姓重新回到了土地上。龚遂还打开官府粮仓救济贫苦百姓，惩处贪官污吏，任用清廉的官员安抚百姓，这样渤海郡又恢复了秩序。

龚遂并没有以此为满足，他深知如果不发展生产，人民缺衣少食，基本生活没有保障，社会秩序就不会长久安定。于是，他积极劝导人们努力从事农业生产，规定播种和收获的时候农民不能离开土地。有的人整天拿着刀，带着剑，东游西逛，不从事农业生产，龚遂就劝他们卖掉刀剑买牛，耕田种地。这样许多游手好闲的人也开始安心生产。龚遂还让郡内的百姓一人种一棵榆树、一畦韭菜，每家养两头猪、五只鸡，鼓励农民采摘菱角、芋头之类的东西，以备饥荒。龚遂还带头倡导节俭，杜绝奢侈浪费。几年以后，渤海郡家家丰衣足食，百姓安居乐业，平安相处，各种诉讼案件几乎没有了。

龚遂注意发展生产，从解决百姓的衣食问题入手，治理好了"盗贼"遍地的渤海郡。一千七百年后，于成龙用同样的方法治理好了罗城。

提起于成龙，人们马上会想到他是一个清官，他曾被康熙皇帝称为"清官第一"。实际上，于成龙并不光以廉洁著称，他还是一位很有能力的地方官。

于成龙第一次做官是出任广西罗城县令。当时罗城经过二十多年的战乱，经济凋敝，百姓无法生活，纷纷铤而走险，沦为"盗贼"；汉族地主和瑶族头人为争夺利益，互相仇杀。第一次做官就来到这么一个地方，这对于成龙是一个严峻的考验。于成龙出生于农家，又经历了明朝和清朝的改朝换代，深通世情。他认为：地方上根本就没有盗贼，所谓的盗贼就是老百姓。老百姓即使再无知，也不愿意抛妻别子，整天提心吊胆地做盗贼的。他们是因为缺衣少食，官府又加以逼迫，走投无路才沦落为盗贼。这个责任在官府，不在老百姓身上。而瑶族头人之所以和汉族地主世代仇杀，恩怨难解，也主要是由于以前地方官处理不当，偏袒汉人而引起，因此对瑶族头人也应该以安抚为主。基于这些考虑，于成龙通告全县，凡是放下武器的，一律不再追究。然后又亲自带人到瑶族山寨，和瑶族头人讲和，约定每年十月犒赏他们牛羊美酒，让他们不要再抢掠汉族的牲畜财物。不久，罗城境内就安定了下来。

社会秩序安定之后，于成龙便开始着手恢复地方经济，鼓励人们发展生产。于成龙经常深入到乡间，和农民谈论庄稼的长势和收成。对于辛勤劳动、收成多的人家，就在他们家门上插上旌旗，表示奖励；对于懒惰懈怠、土地荒废的人家，就当众责备他们。这样一来，老百姓都积极从事生产劳动，几年之后，罗城县境内家家粮食充足，处处牛羊满山，盗贼也都销声匿迹了。于成龙也因此受到了百姓的爱戴和上司的器重。

"仓廪实则知礼节，衣食足则知荣辱"，龚遂和于成龙就是抓住了这个关键，治理好了盗贼遍地的渤海郡和罗城县。社会的进步，既体现在物质方面，也体现在文化方面。因此，我们今天既要搞好物质文明建设，又要搞好精神文明建设。但是精神文明建设必须以物质文明建设为基础，物质生产搞不好，就很难谈什么精神文明建设。改革开放以来，我们的社会生活有了巨大的变化，物质文明和精神文明建设都取得了长足的发展，就是因为抓住了以经济建设为中心这个关键。

士不厌学故能成其圣

【原典】

士不厌学，故能成其圣。

——《管子·形势解》

【古句新解】

士人喜欢学习永不满足，所以能成为圣人。

自我品评

作为一国之君，只有虚怀若谷，才能礼贤下士，才能抚近怀远；作为一名士子，只有谦虚谨慎，才能在学业上孜孜以求，不知疲倦，才能不断地趋于人格和智慧的完美境界。俗话说"谦虚使人进步，骄傲使人落后"，讲的就是这个道理。

王羲之是我国东晋时期著名的大书法家，人们尊称他为"书圣"。他写的字在当时就享有盛名，被人们视为珍品，至今仍是我国书法艺术极宝贵的遗产。王羲之虚心好学、苦练书法的故事，历来为人们称赞不已。

王羲之七岁的时候，就师从当时有名的书法家学习写字。他学习的劲头很大，无论什么季节，碰到什么天气，或者发生什么事情，他

第八章 百年树人
——管子原来这样说教育之道

都一概不管，只是专心致志地坚持练字。不到三年工夫，他写出来的字已经是用笔有力、顿挫生姿了。老师称赞说："这孩子的书法真有长进，将来一定比我还要有名。"

王羲之十二岁那年，在父亲的枕头底下发现了前人写的《笔论》，这是一本专门谈论写字用笔的书。王羲之非常喜欢这本书，就背着大人偷偷地读起来，越读越有兴趣。一天，父亲看到儿子在聚精会神地读书，问他读的是什么书，王羲之笑而不答。母亲走过去一看，才知道他读的是《笔论》，就对他说："你现在年纪还小，读《笔论》这样的书，恐怕还读不懂吧？"父亲听了也说："不要性急，等你长大了，我会教你的。"可是王羲之回答说："学习是不能等待的，像走路一样，不停地走才能前进。等我长大了您再教，那就太晚了！"父亲听儿子说得有道理，就接受了他的请求，系统地教王羲之写字用笔的方法，还常常跟他讲前人张芝勤学苦练写字的故事。张芝是东汉时候的著名书法家，擅长写草书，被人们称为"草圣"。他为了练好字，天天在池塘旁边蘸着池水磨墨写字。写完字，又在池塘里洗刷笔砚，日子一长，那池塘里的水都变成黑色了。

王羲之从张芝临池学书的故事里受到了深刻的教育，得到了巨大的鼓舞。他想，张芝练习书法，连池塘里的水都弄黑了，这说明他下了很大的功夫。如果自己也能像张芝那样下苦工夫，那么一定也会有成就的。于是，王羲之更加勤学苦练起来了。

后来，王羲之游历了许多名山大川，见到了晋朝以前许多有名书法家的手迹，喜欢到了入迷的程度。他对每个书法家写的字，一个一个用心临摹，把各人的特点弄清楚，长处学到手，逐渐形成了自己的独特风格。

王羲之每天在书房里练字，全神贯注，目不斜视。到了吃饭的时候，他都不肯放下笔来。有一天，夫人给他送来他最爱吃的蒜泥和馒馒。他连头也不抬，一边随手抓起馒馒蘸蒜泥吃，一边仍然继续挥笔疾书，练习写字。过了一会儿，夫人来看他吃了饭没有，到了书房，

247

一看就乐了，只见王羲之满嘴乌黑，手里还拿着一块蘸了墨汁的馍馍，正要往嘴里送。夫人禁不住放声大笑起来。王羲之还是没有抬头，他一面继续写字，一面随口夸奖夫人说："你今天做的馍馍真香呀！"王羲之说完这话，手里拿着的蘸了墨汁的馍馍已到了嘴边。夫人赶快走过去，把那块蘸了墨汁的馍馍夺下来，说："你吃的是什么馍馍？好香的黑馍馍呀！"王羲之听夫人这么说，才停住了笔，抬头一看，见夫人手里拿的黑馍馍，这才意识到自己错把墨汁当蒜泥吃了，也不禁哈哈大笑起来。

　　王羲之为了写好字，即使在走路和休息的时候，也要揣摩字体的结构、间架和气势，心里想着，手指也随着在自己的身上一横一竖地划起来，日子久了，衣服都被划破了。王羲之每天写完字，都要到门前的池塘里去洗笔砚，时间久了，池塘里的水也都变黑了。人们就把这池塘叫做墨池。王羲之每到一个地方，都不停地练字，都要到当地的池塘里去洗刷笔砚，因此，他留下的墨池到处都有，比张芝的还多。在会稽山下有王羲之的墨池，温州和江西临川也有他的墨池。北宋时期，有位著名的文学家曾巩，非常钦佩王羲之勤学苦练的精神，特地写了一篇《墨池记》的文章来赞扬他。

　　由于长期坚持勤学苦练，王羲之的书法艺术达到了炉火纯青的境界，使别人望尘莫及，获得了很高的声誉。当时人们都十分喜爱和珍视他的字，以能得到他的字为荣耀。据说，山阴（今浙江绍兴）地方有个道士很喜欢王羲之的书法，想请王羲之写一部《道德经》，怕王羲之不答应，便想了个巧妙的办法。他听说王羲之最喜欢白鹅，常常模仿鹅掌划水的动作，来锻炼自己的手腕，使手腕运起笔来更加强劲而灵活。于是他就去买来几只小鹅，用心地喂养着。几个月以后，鹅长大了，全身羽毛洁白丰满，十分可爱。道士故意把鹅放在王羲之时常经过的地方。一天，王羲之经过那里，看见这些羽毛洁白、姿态秀丽的鹅，心里有说不出的高兴。他看了又看，舍不得离去，便对道士说："你把这些白鹅卖给我好吗？"道士乘机说："鹅是不卖的，先生如果真的要鹅，就请写一部《道德经》来换吧。"王羲之一听，满口答应，他很快写好一部《道德经》，交给了道士，带走了一笼白鹅。"书成换白鹅"的佳话就是这样来的。

王羲之的书法艺术，不仅广泛吸收了晋朝以前许多书法家的特点和精华，更重要的是他摆脱了传统的束缚，开创了一种新的境界。《兰亭序》是他的书法艺术的代表作。人们称赞他写的字是"龙跳天门，虎卧凤阁"。龙是传说中的一种神奇动物，据说能在空中跳跃游动，矫健有力。虎是兽中之王，即使在睡卧的时候，姿态也是威武雄健的。人们用"龙跳"和"虎卧"的姿态来形容王羲之的字，说明他的字是多么的强劲有力！后来，王羲之还把书法艺术传授给自己的儿子。他的儿子王献之和王凝之也都是很有名的书法家。

勤学苦练是进入书法艺术殿堂的入门券。在这方面，羲之有一句至理名言："耽之玩之，功积丘山。""耽"是"酷嗜"的意思，"玩"是玩味。对书法，一般爱好还不够，要深切地爱好，达到酷嗜的地步；一般用功还不行，要异常用功，功夫之厚，比得上高山。这句话可以看做是王羲之本人临池学书的写照。相传王羲之曾在山中临摹钟繇楷书、张芝草书达二十余年，写过的竹叶、树皮、山石、木片等不计其数，还在绢、纸、笺、绉纱、枯藤、木头上反复练习。虽然这只是一种传说，但从中可反映出王羲之的苦学精神。

古今在艺术上、学术上功成名遂的人，无不如《汉书·王褒传》所说："劳筋苦骨，终日矻矻。"无不如韩愈《进学解》所云："焚膏油以继晷，恒兀兀以穷年。"无不如宋代秦观《淮海题跋》云："自古以艺自命家，至于文章学术大功大名，世所谓不朽者，其人方从事于其间也，曷尝不弃百事而为之，至于经老穷年、疲弊精神而不以为苦也。"

王羲之是一位极为用功的人，这是他成为著名书法家的基本条件之一。他几十年如一日，勤奋用功，不知倦怠。其强大的动力来自于他高山大海一样永不满足的胸怀。在这永不满足中，王羲之首先立下坚定的信念和高远的目标，然后在实践志向中，产生坚韧不拔的毅力和孜孜以求的恒心以及战胜一切困难的勇气和决心。我们青少年生活在科技高度发达的今天，学习条件比王羲之那时优越多了。我们更应从小立下远大志向，为了实现这个志向，刻苦学习，永不满足。